大学受験

# 面白いほど点がとれる！小論文

まるごと図解

樋口裕一 Yuichi Higuchi
白藍塾

青春出版社

# はじめに

小論文が大学受験科目として定着してから、もう二〇年以上になる。ところが、まだ小論文とはどんなものなのか、どのように書けば合格小論文になるのかがわかっていない人が多いようだ。いまだに小論文と作文を混同している人もたくさんいる。指導者の中にも、そのような人が少なくない。そのため、小論文をきちんと勉強しないまま、入試会場に向かおうとしている人が多いのではないか。

そこで、誰でも短期間に大学や短大の入試に合格する力をつけることができるように、小論文合格に必要不可欠なノウハウをできるだけわかりやすく説明したのが本書だ。私は一九九一年に設立した小論文指導ゼミナール白藍塾《はくらんじゅく》を通して、これまで一〇万通以上の小論文を添削指導して、多くの受講生を志望校合格に導いてきた。私の開発した方法は「樋口式小論文」と呼ばれて、多くの高校や予備校、大学の指導者に高い評価を受けてきた。その成果のすべてを本書の中にこめている。

なお、本書は、二〇〇五年に刊行され、望外の支持を得てきた『受かる小論文の絶対ルール』の図解版として編んだものだ。そのため、いっそうわかりやすく、そして、いっそう使いやすくなったと信じている。

本書を用いて、より多くの人が志望校合格を勝ち得てほしいものだ。本書が、小論文を書く能力を高めて、論理的な思考、論理的な文章を得意にするきっかけになってくれれば、著者としてこんなうれしいことはない。

樋口　裕一

まるごと図解

# 面白いほど点がとれる！ 小論文

目次

## PART 2

## PART 3 一気に高得点！のアイデア発想は、最初の「メモづくり」で決まる ……… 53

## PART 4 採点者の印象がアップする小論文の基本のマナー



## PART 5 受験生が陥りやすいミスを防ぐ徹底添削例

## PART 6 出題タイプ別 目のつけドコロ&攻略のツボ

## PART 7

特別付録

# 試験直前に即効！これだけやればいい最強テクニック



さらに得点を伸ばすための【学部系統別】ワンポイントアドバイス

# この本の活用法

| | |
|---|---|
| PART 1 | 合格小論文のイメージを頭に描こう |
| PART 2 | 書き方の基本「型」をおぼえよう |
| PART 3 | 書く内容を深めるための「メモづくり」をおぼえよう |
| PART 4 | 原稿用紙の使い方など、基礎事項をチェックしよう |
| PART 5 | 実際に小論文を書いて、自分の欠点を見つけ、改善しよう |
| PART 6 | さまざまな課題の攻略法をおぼえよう |
| PART 7 | ハイレベルな小論文を書くための勉強法を身につけよう |
| 特別付録 | 基礎理解につまずいたとき、そして試験の前日に、必ず読み返そう |

本文イラスト　原田弘和
本文デザイン・DTP　センターメディア

# PART Ⅰ

# 点がとれる小論文の７つのポイントがてっとり早くわかる

入試小論文攻略のための大前提を、極力説明的文章を使わず、図解で示すのがこのＰＡＲＴ１。「小論文とは何か」「合格小論文を書くためには何を知らなくてはならないのか」を、頭に思い描くことがねらい。基礎と今後の到達目標をイメージできれば、ＰＡＲＴ２以降の実践指導もグンと吸収しやすくなるだろう。

# 受かる答案と受からない答案の違いを知る

## 受からない答案（作文）

自分の言いたいことが表現できていればいい

結論や主張に一貫性がなくてもいい

頭に来た、嬉しい、などの感情を表現する感想文でいい

日記のように出来事を並べたり自分の体験を書く

感じたことを素直に自由に書けばいい。感じ方は人それぞれで決まりはない

道徳的にいいことを書くと、いい評価を得やすい

気のきいた書き出し、うまい描写、生き生きとした文体、余韻を残す締めくくり。
これらがあるといい

↓

**実はこれらは作文なんだよ！**

## 受かる答案（小論文）

筋道を追って、YESかNOか、自分の意見、立場をはっきりさせる

読む人に対し自分の意見を論理的に納得させる文章

自分の主張には必ず理由・根拠がいる

考えの鋭さや読む人に対する説得力をめざす

テーマについて客観的に考えた自分の意見を書く

道徳的な考えではなく、理性で考えて書くもの

気のきいた書き出し、うまい描写、生き生きとした文体、余韻を残す締めくくり。これらはいらない

↓

**小論文とは、与えられた課題に対して、**

**YESかNOを答え、その理由を書くこと**

# 学科試験とはちがう小論文の特性をつかむ

## 小論文が出されるわけ

学科試験ではわからない受験生の能力を見るため。

今の時代、物事を理解し、問題点を発見して深く考えたことを、相手に伝わるように**発信する能力**が求められている。大学でのレポート作成、社会に出てからも企画書や提案書、プレゼンテーションなど、発信力が求められる。

物事の「**理解力**」、背景や理由を考えて問題点を見つけ出す「**思考力**」、相手に伝わるように説明する「**論理力＝構成力**」を見るには、作文ではなく、YES か NO かを答え、説明する小論文が最適。

## では、小論文をどう書けばいいのか

数学なら、解き方がわかれば解ける。わからなければ勉強すればよい。これまで学んできた作文には、きちんとした解き方（＝書き方）がなかった。よって何を書いていいかわからなかったし、ましてやどう勉強すればいいかわからなかった。

小論文の誤解①

小論文はちょっと真面目な作文だ

**小論文と作文は別もの。小論文にはしっかりした書き方がある**

# 構成こそが論理のカタチ

## 小論文は相手を説得するもの

**思いつきをそのまま語っても**
**相手は理解しにくい**

▼

**相手を説得できるように考えを整えて書く**

### 論理的とは何か

どうしてYESと思うのか。理由がないと納得できない。そして理由が具体的でないと、読む人は「結局何が言いたいのか」わからない。いくら意見と理由が書いてあっても、単なる羅列ではメモのようなもので、相手が理解しにくい。

**理由を挙げて、相手が理解しやすいように説得すること**

### 構成とは何か

思いついたことをバラバラに並べても、言いたいことは相手には伝わらない。料理をするのも手順が大事。いくら材料をそろえても手順がよくなければ食べられる料理にならない。

**考えたことを相手が納得できるように並べていく文章の流れの作り方を「（文章の）構成」という**

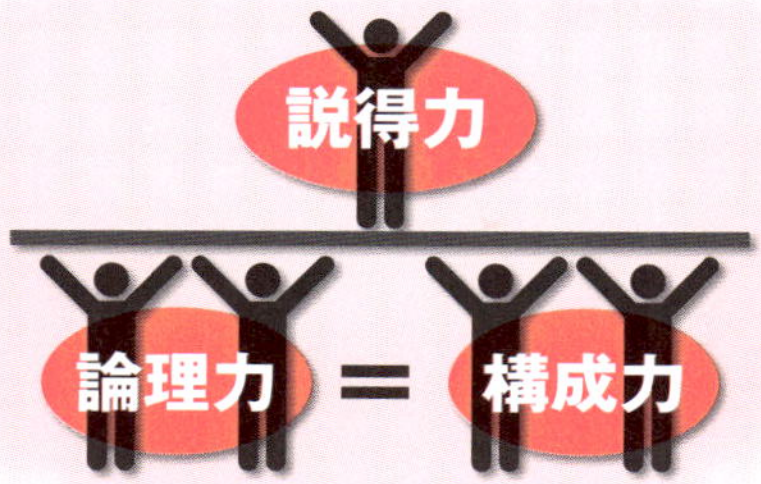


## 構成こそが論理のカタチ

たとえばYESという意見を伝えるためには、何についてのYESなのか、どんなNOの意見の持ち主を説得したいのか、YESの理由はなにか、それらがハッキリわかるように順序よく説明する。

説明の順序そのものが「論理」。
その順序の形式が「構成」。

**説得力をもって論理的に語るには「どんなことを言うか」の前に「構成」が大事になる**

# 採点者はどこを見るかに注目する

## 求められる小論文とは

現在の大学が知ろうとしている２つの柱

### 1 個性よりも「総合力」

最近の小論文試験

▼

課題を読ませる。要約や傍線部の説明。
課題についての意見を述べさせる。

### 2 それぞれの学部に必要な適性があるか

たとえば医療系などでは、人に対する思いやりがあるかどうか、自分とちがう立場の考え方にも十分に配慮できるかなど、バランスの取れたものの見方や考え方ができるか。また、生命倫理やチーム医療のあり方などにかかわる基本的な知識や問題点を理解できるか。コミュニケーション能力としての説明能力があるか。そういったことが見られる。

**いずれも「理解力」「思考力」「論理力＝構成力」が見られる**

**GOAL** 理想的な小論文　目標は高く！

- 人の気づいていない点に気づき、着眼点の鋭さや深い洞察力を示す
- 論理の深さと、逆の立場も十分に念頭に置いた思考で、説得力を強める

- 何が問題になっているのか
- なぜYESなのか、あるいはNOなのか
- その理由を説明して読み手を納得させれば、それが小論文
- さらに内容に説得力があるほど、高い評価が得られる

**START**

**減点されるミス**

- 文字量が7割に達していない
- 誤字・脱字、原稿用紙の使い方を間違える

**小論文の誤解②**

凝った表現や美しい文章を書いたほうが文章力があると評価される

**難しい漢字や用語を使って、長い文で知識をひけらかすのは小論文で求められているものではない**

**小論文の誤解③**

小論文は読書好きな人ほど有利

**一概にそうとも言えない。論理的な文章は本が嫌いでも書けるようになる**

# 「型」（樋口式四部構成）を使って論理的に書く

## 「型」を知らずに書くとどうなるか…

### 1. 時間がかかる

「文章をどう組み立てようか」というところから考えなくてはならないので、書きあげるまでに非常に時間がかかる。

### 2. バランスが悪くなる

構成を考えないで書きだすと、たいてい頭でっかち尻すぼみの文章になったり、字数足らずの文章になることが多い。

### 3. 支離滅裂になる

構成を考えずに書くと支離滅裂になる危険もある。思いついたアイデアをどんどん放り込んでいくので、脈絡はなくなる。

### 4. 内容が深まらない

自己流で書いていると、文章表現を凝ることばかりに気持ちがいってしまい、内容が深まらない場合が多い。

**そこで！**

**1 問題提起**

「～だろうか。」

自分が何について YES または NO を言おうとしているのかを説明

10~20%
120字/800字

**2 意見提示**

「確かに……、しかし～。」

YES・NO どちらの立場に立つのか、逆の立場も考慮しながら示す

30~40%
260字/800字

## 樋口式四部構成を使うメリット

1. 自然と論理的になる
2. 下書きなしでも書ける
3. 字数調整をしやすい
4. アイデアをまとめやすい

くわしくはPART2を！

**3 展開**

「なぜなら～」「その背景には～」「そもそも○○とは～」

なぜ自分がYESまたはNOの立場に立つのか、その理由を示す部分を問題となっている事柄についての背景、原因、歴史的経過、結果、対策のうちから一つを取り出し、それを掘り下げる

**40~50%**
340字/800字

**4 結論**

「以上～」「したがって～」

全体を整理して、もう一度自分の結論をYESかNOかはっきりさせる

**10%**
80字/800字

# メモで、視野を広げ論点を深める

## アイデアメモとは

問題のテーマに沿ってそれぞれの項目を埋めてみよう

### 定義・現象・結果の 3WHAT

1. **定義** … 何を意味しているのか
2. **現象** … 現在、何が起こっているのか
3. **結果** … 今後、何が起こると予想されるか

### なぜ、どこで、いつの 3W

**WHY** … それが起こった理由や背景

**WHERE** … 地理的状況　ほかの地域ではどうか

**WHEN** … 歴史的経緯
かつてはどうだったか、いつそうなったか

### どうやっての 1H

**HOW** … 対策　その問題にどう対処するか

くわしくはPART3を！

## アイデアメモの効用

1. 深いアイデアが引き出される
→ 考えを深められる

2. 複数のアイデアの関係に気づく
→ 独創的なアイデアを思いつく

3. ネタ不足による文字数不足を防止
→ 下書きなしで小論文が書ける

## アイデアメモをつけるときの注意

### 1. メモをつける段階では、YES・NOの立場は決めない

「文章をどう組み立てようか」というところから考えなくてはならないので、書きあげるまでに非常に時間がかかる

### 2. 3WHAT・3W・1Hのすべてを考えなくてもよい

あくまでアイデア出しのためのメモであることを忘れないように。考えつくものをランダムにメモしていこう

### 3.「これだ！」と思うアイデアはじっくり考える

鋭いアイデアを思いついたら、それをどう展開するとよいかをじっくり考えよう。イケると判断したら構成を考えることに作業を移そう

# 1-7 よく出るテーマと出題形式をチェックする

## よくある出題パターン

### 課題文つき

人気 No.1、複数を読み比べるもの、英文などの場合も。

課題文も樋口式四部構成で読んでみよう

### 絵や写真、漫画つき

その作品が主張していることは何か、じっくり考えよう

### グラフや図表つき

大きな変化や違いに目をつけ、その意味を言葉にしてみよう

くわしくはPART6を！

## よく出るテーマ

このテーマのニュースだけは耳に入れよう
学部によっても傾向があるので、過去問で要チェック

**1. グローバル化** 異なる文化や宗教をどこまで認められるのか
**2. ボランティア・福祉** 日本に根付くには、市民意識の成熟と役所任せからの脱却が必要
**3. 教育** 受験競争の激化から生まれたゆとり教育が、学力低下をもたらしている
**4. 日本文化** 日本人の集団主義のルーツと行方
**5. 民主主義** 「民衆」「少数者」をどう考えるかで理想の形は変わってくる
**6. 消費社会** 消費欲求の過熱が消費社会を維持している
**7. 現代医療** 進んだ医療が人間を神の領域に

### ★書きにくいテーマの例

「水」「愛」「心」など、漠然としたテーマはどうする？
自分の志望校の関連する言葉を入れて具体性を出す
テーマが「水」なら、「水と○○」の「○○」のなかに
工学部なら「水と物質」「水と開発」、農学部なら「水と農村」「水と食品」、
芸術系なら、「水と人生」、医療系なら「水と生命」

**小論文の誤解④**

✕ 小論文には時事問題が出る

→ **その問題の陰にある、背景を問われることのほうが多い**

例

✕ 9.11以降の同時多発テロについて意見を書け
○ グローバル化は本当に人を豊かにするものなのか、意見を書け
○ 文明の対立がテロの原因といわれるが、それは本当なのか。意見を書け

▼

ニュースを読むときは、何が起こっているかより、
なぜ起こったかをチェック

さらに得点をのばすための

## 学部系統別 ワンポイントアドバイス

### 人文・文学・外国語系

言葉、文化、人間の生き方、外国文化と日本文化の違いなどについての問題が出ることが多い。また、論理的な文章ではなく、軽いタッチのエッセイ風の文章を読んで、それについての意見が求められることが多いのも、この学部の特徴だ。絵や写真が出題されることも多い。

この学部で書くときには、「このほうが日本が豊かになるためによい」「日本経済を繁栄させることが何より大事だ」というような視点で書くべきではない。経済よりも科学の発展よりも、人間が自分らしく生きること、豊かな精神世界を送ることを重視して考える必要がある。また、言葉や自国の文化や伝統を大切にし、多様な価値観を認め合って生きていくことを大事にする方向で書くのが望ましい。

# PART 2

## まずは、
## この「型」に沿って
## 書くだけ！

小論文で第一に求められるのは、文章のうまさでも、内容のおもしろさでもない。まずは論理的な文章が書けているかどうかだ。そこで重要になってくるのが、構成力。難しく考える前に、まずは、基本の「型」（樋口式四部構成）を身につけるところから始めよう。

# 点をとるのは、うまい文章より、構成力のある文章

　小論文というと、「文章がうまくて内容が立派なものほど、高得点がとれる」と思っている受験生は、スタートから間違っている。それだけ磨いても高得点をとることはできない。

　おもしろい小説やテレビドラマに「起・承・転・結」などの構成があるように、小論文にも、小論文に合った構成がある。これを押さえて書かれていない小論文は、論理的で説得力のある内容になりにくい。

　実際、高得点をとる小論文は、本人が意識しているいないにかかわらず、構成のしっかりしたものになっている。とくに八〇〇字や一〇〇〇字といった短い字数で書く文章では、よけいなことを書く余裕がない。おかしな構成にすると、制限字数内で論理的で説得力のある内容にすることは、まず無理だ。逆にいえば構成力さえしっかりしていれば、少々文章が拙《つたな》くても、内容がありふれたものでも、高得点をとることができるのだ。

　では構成力のある小論文を書くにはどうすればいいのか。「樋口式四部構成」という型を使うのだ。いわば小論文を書くための設計図だ。くわしくはこれから説明していくが、「樋口式四部構成」では、全体を「問題提起」「意見提示」「展開」「結論」の四つに分け、小論文を形づくる。思いついたアイデアをこれらのどの部分に使うか、振り分けていくことで、アイデアもまとまりやすくなり、覚えれば強力な武器になることは間違いない。極意をつかんで小論文の力をどんどんブラッシュアップしていこう。

PART 2

# 樋口式四部構成を使うメリット

### 自然と論理的になる

「キミの文章は論理的じゃない」。学校の先生にこのように指摘されて悩む受験生は多い。

四部構成の型に従って書けば、自然と論理的な文章になる。

「論理＝構成」なのは、PART1で説明したとおりだね。

### 下書きなしでも書ける

「下書きで多くの時間を使ってしまった」。小論文試験ではこんな失敗をする人が多い。

四部構成に従い、各部で何を書くかをメモしておけば、下書きなしでもまとまりのある小論文が書けるよ。

### 字数調整をしやすい

「書き終えたけれど字数が足りない」「思った以上に長くなり制限字数を超えそうだ」。

四部構成で書けば、こういったピンチは防げる。各部をどのくらいの割合で書くかをあらかじめ計算できるからだよ。

### アイデアをまとめやすい

「たくさんのアイデアをどうまとめてよいかわからない」。

四部構成で書けば、こういった心配は無用。各部をどのくらいの割合で書くかが決まれば、あふれるアイデアの取捨選択もスムーズにできるよ。


点とりポイント！

- 構成をしっかりさせれば、論理的で説得力のある小論文が書ける
- 短い字数の文章ほど、しっかりした構成が大事

# 「樋口式四部構成」なら、誰でも論理的な小論文が書ける

「論理的に書け」。これは小論文指導でよく言われることだ。だがどうすれば論理的になるかわからない人も多いだろう。「問題提起」「意見提示」「展開」「結論」の樋口式四部構成に則って書くだけで、自然に論理的で説得力のある小論文に変わるのだ。

「問題提起」とは、この小論文で自分が何について意見を述べるつもりかを示す部分だ。最初に、自分が何についてYESまたはNOを言おうとしているのかを説明する。

次の「意見提示」は、問題提起で示した内容について、自分はどのように考えているのかを示す。つまりYES・NOどちらの立場に立つのかを示すのが、この部分だ。

三番目の「展開」は、なぜ自分がYESまたはNOの立場に立つのか、具体例を示してその理由を説明する部分だ。小論文のなかで最も重要な部分で、問題となっている事柄についての背景、原因、歴史的経緯、結果、対策などを深く掘り下げて書いていく。

最後の「結論」は、全体を整理して、もう一度自分の結論をYESかNOかはっきりさせる部分だ。

以上が「樋口式四部構成」だ。どんな小論文を書く場合でも、すべてこの「型」に当てはめて順番に書けばいい。全体の字数が八〇〇字以内なら、それぞれの部分を一つの段落にし、四段落で書くといいだろう。次の項から、各部分をくわしく解説しよう。

## この最強の型に沿って書くだけでいい！
## 樋口式四部構成

PART 2

**1 問題提起**（10～20％）
自分が何についてYESまたはNOを言おうとしているのかを説明
800字で120字

**2 意見提示**（30～40％）
YES・NOどちらの立場に立つのか、逆の立場を考慮しながら示す
260字

**3 展開**（40～50％）
なぜ自分がYESまたはNOの立場に立つのか、その理由を示す部分
問題となっている事柄についての背景、歴史的経緯、結果、対策のうちから一つを取り出し、それを掘り下げる
340字

**4 結論**（10％）
全体を整理して、もう一度自分の結論をYESかNOかはっきりさせる
80字

# 「問題提起」と「意見提示」の書き出しパターン

小論文の構成では、どうやって書き始めようか、と悩む人は多い。だが、これも「樋口式四部構成」に基づいて書き出しをパターン化すればいい。小論文では文章に凝る必要などないのだから、ワンパターンで十分だし、これに当てはめることで、より論理的な文章が書けるようになる。型通りに書くだけで、誰でもどんなテーマでもコンスタントに書く力が身につく。

小論文における「問題提起」とは、いわばはじめの挨拶のようなものだ。「問題提起」では、個人的体験または客観的事実から始めるといい。個人的体験とは「先日、電車でこんな光景を見かけた」といったもので、客観的事実とは「先日、新聞でこんな記事を読んだ」といったものだ。どちらが書きやすいかを練習のときに試してみて、自分の得意パターンをつかんでおくといい。そして文章の最後を「〜だろうか」で終えると、問題提起らしい段落にできる。よけいなことをあれもこれもと詰め込まないことだ。

「意見提示」では、「確かに……、しかし〜」で書き始めると書きやすい。「確かに」であらかじめ想定される反対意見を書いておいて、「しかし」でそれをふまえたうえでの自分の意見を書くのだ。

このように書くことで反論を封じると同時に、視野の広さを採点者にアピールできる。

# このパターンを使えば カンタンに小論文が書ける①

PART 2

## 問題提起

**個人的体験** または **客観的事実** から始める

「先日、電車で
こんな光景を見かけた」

「先日、新聞で
こんな記事を読んだ」

例

「最近、一部の政治家の間で、日本人の愛国心を高めようとする動きがある。それでは、日本人の愛国心をもっと高めるべきなのだろうか」

↓

どちらが書きやすいかを練習のときに試してみて、自分の得意パターンをつかんでおこう。

## 意見提示

**「確かに……、しかし～」** → 反論を封じると同時に、広い視野で採点者にアピールできる

「確かに……」↓ あらかじめ想定される反論を書く

「しかし～」↓ 自分の意見を書く

点とりポイント!

- 「問題提起」の文章の最後を「～だろうか」で終えるとピシッと型が決まる
- 長い挨拶は嫌われる。あれもこれも詰め込まない

# 「展開」と「結論」の書き出しパターン

書き出しで悩んで筆が止まっては、いつまでたっても小論文は仕上がらない。「展開」と「結論」のパートも、パターンを用いて構成を決める。書き出しに悩む時間は、アイデアをじっくり考える時間に回したほうが建設的だ。

「展開」は、「意見提示」を受けて「なぜなら～」とか、「その背景には～」などと一つの論点をとことん深めていけばいい。ここの掘り下げ方によって、説得力は大きく変わる。「展開」部分が長くなるときは、ここだけ二つに分けると書きやすい。

ただし、注意しておきたいのは、この部分に知っていることや自分の体験などをダラダラ書きつらねると、何を言おうとしているかわからない内容になってしまうことだ。意味の流れのない、アイデアの羅列《られつ》は書かないほうがまだましだ。

その挙げ句、肝心の結論までたどりつかないこともある。そんな場合は、まず、いちばん言いたいことを書いてしまうことだ。それから具体的に理由を説明する。こうすると論が深めやすく、論旨がズレてしまうことも防げる。

「結論」には、まったく凝る必要はない。「以上見てきたように、私は～と考える」と簡単にまとめを書いて、それで終わりにすればいい。

# この書き出しパターンを使えば カンタンに小論文が書ける ②

PART 2

**展開** ……意見提示部を受けて論を深める

「なぜなら～」　「その背景には～」 …

などのパターンで

点とりポイント！

- 知っていることをただ書きつらねるだけにならないように注意
- 結論を先に考えておけば、論旨がズレてしまうこともない

**結論** ……簡単にまとめを書いて、スパッと終わる

「以上見てきたように、私は～と考える」

点とりポイント！

- 書き出しパターンをうまく使って、アイデア出しの時間を増やす

# 「意見提示」では、反論ひとつで自分の主張がぐんと引き立つ

「自分の意見はこうだ」と読み手に知らせるのが「問題提起」の役割だ。しかし、自分の論を主張するのに都合のいい材料ばかりを出したのでは、「自分の意見に凝り固まった、視野が狭い」というマイナス評価を受けるおそれがある。

たとえば「愛国心」にNOというつもりなら、ここで「愛国心が行き過ぎると危険なので、好ましくない」ということを明確に書く。

ただしこのとき、NOの立場に立った意見しか書かないと、説得力が弱くなりやすい。

そこで「自分とは逆の意見があり、それにも一理あると承知したうえで、自分はこの立場をとっているのだ」と知らせる必要がある。

「愛国心」というテーマで、「愛国心を高めるべきではない」という結論を言おうとしたとする。このとき、愛国心の危険性ばかりあげるのではなく、「国を愛する心があってこそ、自分たちの社会をよくしようという連帯感を持つ」などと、YESの立場からの視点もあげておく。

つまり「意見提示」部の構成メモには、YES・NOの両方の意見を書いておくわけだ。しかも、こうすることで字数稼ぎにもなる。自分の意見だけで、六〇〇字や八〇〇字の文章を書くのが大変なとき、反対意見を示すことで、ぐっと字数を増やせるわけだ。

ただし、自分の主張をぼやけさせないため、使う反論は一つにとどめておくのが無難だ。

## “反論封じ”で意見の説得力はグンとアップする

PART 2

「確かに反論という意見は否定できない。
それは理由という点からだ。しかし、主張」

「反論という考えも成り立つかもしれない。
なぜなら理由だからだ。だが、主張」

「一般には反論といわれていて、それにも一理ある。
なぜなら理由だからだ。しかし、主張」

「反論という考えがあてはまる場合もある。
例えば理由という場合だ。しかし、主張」

反論の部分に予想される反論、理由の部分にその理由を書き、「しかし」や「だが」のあとに自分の主張を書けばいい。

点とりポイント！

- 主張がぼやけるので反論は１つ
- 自分の主張もココで書きすぎると、展開部が薄くなり苦しくなる

# 「展開」では、根拠の示し方でテーマの深さが変わる

「意見提示」では、自分はYESまたはNOの立場に立つことを簡単に知らせた。「展開」の役割は、その「理由」を社会一般にまで広げて論を展開していくことだ。基本的には、YES・NOの根拠を書くのが、この「展開」と考えてよい。ここでいかに鋭いアイデアを出せるかで、小論文の成否は決まる。ここで注意したいのは、アイデアは、できるだけ一つにしぼるべきということだ。しぼったアイデアを、できるだけ具体例を加えて主張を裏付けることで説得力が増す。

浅い小論文と深い小論文の違いはどこにあるか。それは、この「展開」で、話題を社会一般に広げ、大きな問題とからめて考えているかどうかによることが多い。

たとえば、「愛国心」について問われているとする。だが、「今の日本人はとくに愛国心など持っていない」「ワールドカップなどで若者が愛国的に振る舞うのは見苦しい」などといったことを書くだけでは、浅い小論文になってしまう。民主主義の理念、グローバル化の現状、これからの日本社会のあり方などとの関係で考えてこそ、深い小論文になる。

したがって、論を深めようと思ったら、民主主義はどうあるべきか、グローバル化にどう対応するべきか、これからの日本社会はどうあるべきかなどの問題とからめて書くことだ。そうすることで、社会性を持った文章になるわけだ。ふだんから知識があればこそ、ここでそうした問題とからめて、深めて書けるということになる。

# 展開部はこの2つの書き出しパターンでYES・NOの根拠を示せ！



## パターン1

テーマの原因について論を進める場合

**「その背景には～という事情がある」**

**「その原因と思われるのは、……である」**

などを使って、そのあと、それをくわしく説明する形

## パターン2

定義と現在の状況（または結果）を対比する方法

**「そもそも○○とは……である」**

というように「本来こうあるべき」という定義を示したうえで、現在の状況（または結果として起こること）がそうなっているかいないかをその後に示す形

### 点とりポイント！

- 「展開」で使うアイデアは、1つにしぼる
- 「そして」「また」でしか結べないアイデアを使うと論の羅列になるので注意
- できるだけ具体例を加えて主張を裏付けること
- 「展開」では、「WHY」を繰り返して深めたアイデアを使う
- 「展開」では、社会的な大きな問題とからめると論が深まる
- 高レベルの小論文を書くには知識が必要

# 「結論」に蛇足や弁解はいらない

最後の「結論」部分にクドクドと蛇足ともいえる意見を述べ、せっかくの小論文を台なしにしてしまう受験生は非常に多い。

言いたいことは、「展開」ですべて主張した。さらに「結論」で新しいアイデアを盛り込んだりすると、それまでの主張を崩しかねない。

とはいえ、何事にも締めくくりが必要なことも確かだ。小論文でも「これで終わり」とわかる挨拶が必要になる。それが「結論」だ。

では小論文における終わりの挨拶は何かというと、設問に対する自分の立場をあらためて述べる程度でいい。制限字数との兼ね合いで増減する。

ここは「～でなければならない」とか「私は～しようと思う」といった、努力目標や意思表明を書くべきではない。小論文で求められているのは、あくまで設問に対して、自分は論理的にどう考えるか。それに求められるのは社会性であって、努力目標や意思表明といった個人的な感情は必要ない。

同じように「はたして、こんな状態でよいのだろうか」と、余韻を持たせた終わり方も小論文には適していない。せっかくこれまで問題提起に対する答えを出してきたのに、最後でまた問題提起をしたのでは、いままで主張してきたことの意味がなくなってしまう。

# やりがちな結論２大タブー



## ×

1

- 努力目標
- 意思表明

**「～でなければならない」**
**「私は～しようと思う」**

小論文に道理的な考えや個人的感情はいらない

## ×

2

- 余韻をひきずり
- 新たな問題提起

**「はたして、こんな状態でよいのだろうか」**

せっかくこれまで問題提起に対する答えを出してきて、最後でまた問題提起をしたのでは、いままで主張してきたことの意味が台無し

## ○

自分の意見の YES・NO をはっきりさせる

**「以上により、～である」**
**「したがって、～と考えられる」**

### 点とりポイント！

- あっさり締める「結論」
- 新しいアイデアは必要ない。制限字数との兼ね合いで、設問に対する自分の立場をあらためて述べる程度
- 「したがって、～と考えられる」だけで十分

# 感情的な言葉は使わない

ときどき「文章によって説得する」の意味を勘違いしている人がいる。いかに自分がＹＥＳ、あるいはＮＯと考えているかを、論理ではなく、感情によって説明しようとするのだ。「すばらしい」「美しい」「許せない」「あきれ返る」「ひどい話だ」などといった感情的な言葉を使って相手を言い負かせようとするような文章がそれにあたる。小論文は、文章によって自分の意見を読み手に説得しようというものだ。設問について、自分がなぜＹＥＳと考えるのか、またはＮＯと考えるのかを論理的に冷静に説明する。

「論理的な文章」と「感情的な文章」の違いは、なんだろう。ひと言で言うと「自分とは違う立場の人の言い分を理解したうえで書いているかどうか」だ。

たとえば自分がある問題について、ＹＥＳの立場を取ったとする。このとき「ＮＯの立場の人もいるだろうが、自分はこういう理由からＹＥＳだと考える」と書くのが、論理的な文章だ。そして、理屈によって、「その背景にはこのようなことがあるのでＹＥＳだ」「このまま放置すると、このような事態が起こるおそれがあるのでＮＯだ」というように理屈で説得する。

一方、「自分はこういう理由からＹＥＳと考える。これは人間なら当然で、そうでない人は許せない」と書くのが感情的な文章だ。これでは子どもが「イヤなものはイヤ」とダダをこねているのと同じで、とても論理的で説得力のある小論文にはならない。

# 「論理的な文章」と「感情的な文章」の違い



**論理的な文章**　**感情的な文章**

## 自分とは違う立場の人の言い分を理解したうえで書いているかどうか

たとえば自分がある問題について、YESの立場を取ったとき。「NOの立場の人もいるだろうが、自分はこういう理由からYESだと考える」と書くのが、論理的な文章だ。

**例「自然破壊について述べよ」**

（論理的な文章）「自然破壊をよいことだと思っている人はいないだろう。それでも起こってしまうのは、一つには人間の中に潜む欲望が、自然を大切にしたいという気持ちに勝ってしまうことが、往々にしてあるからだ」

↓

- 反対派の意見にも一理あることを述べているところがポイント

（感情的な文章）「自然は大切なもので、これを破壊する人は許せない」

↓

- 許せない、はやめる

**点とりポイント！**

- 「～するのは不道徳だ」「～するのは当然だ」といった表現もよく見かけるが、いずれも感情に走っており、小論文とはいえない
- 「許せない」「すばらしい」などをやめれば、論理的な文章が書きやすくなる

## 2-9

# 具体例をあげるだけで説得力はアップする

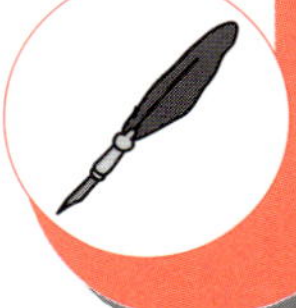

小論文で「論理的」とは、誰もが理解できるかたちで自分の主張を示すことだ。そのためには〝百聞は一見に如《し》かず〟で、空虚な言葉を羅列するより、具体例を書いたほうが話は早い。たとえば「小遣いをアップしてほしい」と親に頼みたいときだ。このとき、どうしてもアップしてほしければ、どのような手を使うだろう。

「ただ、どうしてもアップして」と言うだけでは、説得力がない。高校生ともなれば、現状では参考書代もままならないことを説明するとか、友人たちの小遣い額を教えて自分の小遣いの少なさを訴えるなど、アップしてほしい理由をあげて、親を説得する方法を考えるはずだ。

小論文を書くときも同じだ。ある設問について、なぜ自分はＹＥＳまたはＮＯと考えるのかを主張するとき、具体例があるのとないのとでは説得力が大きく違う。

「小論文は論理で説得する」といったとき、「論理」や「論理的」とはむずかしい言葉を使えばいいと思っている受験生も多いが、そうではない。むずかしい言葉は、往々にしてあいまいで抽象的な言葉になり、個性的な意見にはなりにくい。

「理性的な見地からの考察が必要」とか、「戦略的思考を持たなければ、国際社会から孤立してしまう」といった類だ。だが、こんな言葉を羅列したところで、論理は空回りするだけで説得力のある小論文にすることはできない。

# 説得力をアップする具体例



例「競争化社会について」という設問

||

**「貧富の拡大をもたらし、社会を不安定にする」**

と主張するとしよう

| 具体例 1 | 「アメリカではごく少数の人だけが巨万の富を握っている」 |
|---|---|
| 具体例 2 | 「つねに緊張を強いる社会は、心身に多大なストレスをもたらす」 |

↓

**この 2 つの具体例があるだけで説得力が UP ！**

一点とりポイント！

● 抽象的な言葉を多用するのは、論理を空回りさせるもと。気をつけよう

# どっちつかずの結論では高得点は得られない

小論文を書いているうちに、「はたして、この結論でいいのだろうか」と不安になることがある。もちろん書くまえの段階で、YESかNOをしっかり決め、構成もきちんと考えていれば、そうしたことはまず起こらない。だが、なかにはアイデアや構成が中途半端なまま書きはじめてしまい、途中で不安になってしまうことがある。

世の中で「絶対にAが正しい」と言えることは、そうないもの。「A以外は絶対に認めない」などと言えば、「偏った意見の持ち主」と思われかねない。九割方は正しいと思えることでも、少しは違うと思う部分はある。物事を客観的に判断するほど、そうした傾向は強くなる。だがこうした考え方は、小論文を書くときにはかえって邪魔になる。

小論文では「AもBもどちらも正しい」という結論を述べても、高得点を得ることはできない。小論文は限られた文字数のなかで課題についてYESかNOかを答えるものだ。それをどっちつかずの結論にしたのでは、課題に対してきちんと答えたことにならない。

迷っていると時間ばかりが過ぎていく。どちらを選んでも一理はあるのだから、早い段階で決めてしまうこと。なかなか決められないときは、どちらのほうが論理を展開しやすいか、よい説得材料を出すことができるかで選ぶのも手だ。とくにそのテーマについて、知識を持っていない場合は、とにかく持っている材料がYES向きかNO向きかで、結論を決めてしまえばいい。そして、とにかく一度決めた結論を途中で翻《ひるがえ》さないと決めることだ。

# どっちつかずの迷いを生む 2つの悪いパターン

PART 2

## 1 反論が気になる

「意見提示」の「確かに」のあとに書いた反論に説得力がありすぎて、自分の意見（YES）より正しく見えてくる

▼

一度「しかし」をやったのに、さらに「しかし」で「確かに」と同じ反論の立場に戻ってしまう

▼

気がつくと結論はNOだった、なんてことになりかねない

▼

**支離滅裂、どっちつかずに**

## 2 自分の考えている説得材料に自信が持てない

結論を、別の意見に変えたくなる

▼

せっかく書き進めたものを途中で書き直すと、結局は最初に書こうとしていたものより内容が劣っていたり、構成が甘いものになりやすい

▼

**書き直して時間切れ 中途半端な内容に**

### 不安のタネ

使っている説得材料が自分の主張を裏付けるのに適していないから

▼

**最初から読み返し、説得材料をチェック。結論に合っていない部分だけ直せばいい**

点とりポイント！

● 一度決めた結論は途中で変えないのが原則

さらに得点をのばすための

## 学部系統別 ワンポイントアドバイス

### 教育系

教育はどうあるべきか、子どもの生活はどうあるべきかといったことを問う問題が多い。教育関係の本を読んで、そのような点について自分の考えをまとめておく必要がある。

この学部の小論文では、あくまでも子ども重視を貫く必要がある。「体罰が必要だ」「子どものことよりも、大人の社会のほうが大事だ」といったことを書くべきではない。また、この学部でも、経済効率重視や科学礼賛めいたことを書いてはいけない。経済や科学が人間性を否定している面も考慮に入れたうえで考える必要がある。

もちろん、教育に関することだけが出題されるわけではない。環境、生命などについても問われることが多い。その場合も、弱者優先の立場に立って書くことが必要だ。

# PART 3

# 一気に高得点！ のアイデア発想は、最初の「メモづくり」で決まる

説得力のある小論文を書くには、いいアイデアを練る必要がある。鋭いアイデア、ありきたりでないアイデアを引き出す「メモづくり」が重要だ。

# 「メモの仕方」が答案のデキを左右する

ＰＡＲＴ２で、小論文には型が重要なことを学んだ。さあ次は、いよいよ原稿用紙を埋めていくのかというと、そうではない。プロの作家だってそんなことはまずしない。誰だって新しいテーマを前にしたら、「何を書いていいかわからない」と思うのが普通なのだ。

だから最初にすることは、考えつくだけアイデアを出して、それを書き出すことだ。頭の中で考えるだけでなく、実際に手を動かして、メモを書くことが大切になる。書き出した言葉が刺激になって、思いもしない次の新しい言葉を引っ張り出してくれることは多々ある。そうやって、頭の中にあるアイデアのタネが花開いていく。

そのためにも、テーマを見て浮かんできたアイデアは、とりあえずすべてメモすること。思いついたときはたいしたことないと思ったアイデアも、あとで見返すと意外に使えるということがある。「いいアイデアが出ない」などと手を止めると、思考も止まる。誰に見せるものでもないし、駄作を捨てることはいつでもできる。この段階では、とにかく何でもメモすることが、何より大事なのだ。

アイデアメモの充実が、小論文の中身の充実度を決める。だからこそメモをつくる時間は、できるだけとろう。ここでたっぷり考えておけば、書くことが足りずに字数が不足、必死に思いつきで原稿用紙を埋め、中身がちぐはぐ、などという、最悪の事態とさよならできる。

PART 3

## アイデアメモの効用

1 書くことで思考が進む

▼

深いアイデアが引き出される

▼

**考えを深められる**

2 アイデアを記録する

▼

複数のアイデアの関係に気づく

▼

**独創的なアイデアを思いつく**

3 書いているうちに迷わず、ネタ不足の文字数不足を防止

▼

ここで時間をかけることが書く時間を短縮させる

▼

**下書きなしで小論文が書ける**

点とりポイント！

● 取捨選択は後回し、役に立たないと思えるアイデアも、すべてメモ

# 「3WHAT・3W・1H」で考えれば、アイデアはどんどん引き出せる

小論文を書くことに慣れないうちは、テーマをみてもアイデアをなかなか思いつくことができないかもしれない。アイデアを出すためにぜひ覚えたいのが、「3WHAT・3W・1H」だ。

最初の3WHATとは、①何を意味しているのか（定義）、②現在、何が起こっているのか（現象）、③今後、何が起こると予想されるか（結果）だ。「愛国心」というテーマなら、①は「愛国心」とは何を意味するのか、②は愛国心に関してどのようなことが起こっているか、どのようなことが議論されているかだ。③は愛国心を高めることによって、どんなことが起こるかだ。

次の3Wは、「WHY（なぜ）」「WHERE（どこで）」「WHEN（いつ）」の三要素を指している。WHYは、それが起こった理由や背景だ。「なぜ愛国心を高めようとしているのか」「愛国心が危険だと言われるのはなぜか」などを考えていく。WHEREは、ほかの国や地域ではどうか（地理的状況）だ。「日本以外では愛国心はどのように捉えられているのか」「日本以外では愛国心が重視されているか」などを考えればいい。WHENは、かつてはどうだったか、いつそうなったか（歴史的経緯）だ。「かつての日本では、愛国心はどう扱われてきたか」「いつから愛国心が危険視されるようになったのか」などを書く。

最後の1Hは「HOW（どうやって）」のことで、「その問題にどう対処するか（対策）」だ。「愛国心を高めるには」または「愛国心が行き過ぎないようにするためには」といった視点で書けばいい。

# 「3WHAT・3W・1H」でアイデアを整理する



## ▶ 定義・現象・結果 の 3WHAT

1. **定義** … 何を意味しているのか
2. **現象** … 現在、何が起こっているのか
3. **結果** … 今後、何が起こると予想されるか

## ▶ なぜ、どこで、いつ の 3W

**WHY** … それが起こった理由や背景

**WHERE** … 地理的状況　ほかの地域ではどうか

**WHEN** … 歴史的経緯　かつてはどうだったか、いつそうなったか

## ▶ どうやって の 1H

**HOW** … 対策　その問題にどう対処するか

**点とりポイント!**

● テーマを見たら何もしないでも思い浮かぶほど、アイデアの「3WHAT・3W・1H」を叩き込め

# 「良い面」だけ見ても、当たり前の意見しか出ない

小論文の基本は、設問に対するYES・NOをはっきりさせること、と初めに書いた。それは絶対の鉄則だが、アイデアメモをつくる段階では、YES・NOは決めないことが大事になってくる。なぜかというと、メモをとる段階で意見をどちらかに絞ると、どうしても出てくる発想が偏ってしまうからだ。

とくに常識や道徳的発想を書くのが正解だと思っている人は、要注意。そういう人の小論文は、「ありきたりのきれいごとや努力目標を振りかざすだけ」「非難はするが、論理的な意見、対処法は出せない」という結果になりがちだ。誰もが書きそうで平凡な内容になるうえに、採点者からは「一面からしか物事を見ず、発想が貧弱」と見られてしまう。

そんな小論文を書かないためには、アイデアを出す時点で、物事を「良い面」「悪い面」の両方から考えることだ。それによって漠然とした印象や感情、常識、道徳にしばられない発想が出て、視野の広い小論文が書きやすくなるのだ。

そうしてYES・NO、両方の立場からアイデアを出していって、「こちらのほうが、おもしろい内容が書けそうだ」と思ったほうを選べばいい。さまざまな角度から眺めたアイデアを出すからこそ、個性的でおもしろい内容の小論文も書けるのだ。

## YES・NO 別の立場から
## 鋭い意見を引っぱりだす！

**良い面を考えると**

「良い面」しか考えずに書いた小論文は、ありきたりの道徳論で終わりやすい

↓

視野が狭い、客観性に欠ける小論文になりやすい

**悪い面を考えると**

「悪い面」にも目を向けることで、視野の広い小論文が書けるようになる

↓

問題の対処法、解決策が出てくる。仮にYESの立場を取るにしても、さらなる提案ができる

▼

**論を深めるためにも、両方の立場からアイデアを出すことが大切**

点とりポイント！

- 両方の立場からアイデアを出せば、YES･NO、どちらがおもしろいか選べる→おもしろい小論文になる

# 極端な例を出して、常識のワクを外してみる

「３ＷＨＡＴ・３Ｗ・１Ｈ」で考えても、良いアイデアが浮かばないことがある。そのテーマを考えたことがない人にとって、いきなり設問に出されても、とっかかりがつかみにくい。そんなとき試したいのが、ありそうもない極端な例やまったく反対の状況を想像してみる方法だ。常識の枠が外れて、意外なアイデアが出てくるものだ。

たとえば、「愛国心」というテーマに対して、「誰もが愛国心をまったく持たない社会」とは、どんな社会かを考えてみる。「誰もが愛国心をまったく持たない」→「誰もが国のことを愛そうとせず、国のことを気にかけない」「自分たちの手で社会をよくしようとする意識がない」→「自分たちの国のことを権力者に任せきりになる」→「国民の考えが国のあり方に反映せず、権力者がすべて独裁的に決定するようになる」→「独裁者が生まれる温床となる」といった発想が浮かんでくるかもしれない。そこから、「愛国心を高めることは、社会が独裁政治へ向かうのを防ぐことにもなり、民主主義を実現するうえで不可欠」といった考えを思いつくこともできるだろう。

この「極端な例」は、あくまで良いアイデアを引き出すための、「見えないプロセス」であり、実際に文章として書く必要はない。いまのケースでいうなら、極端な例は「愛国心は民主主義を実現するうえで不可欠」というアイデアが出た時点で、「誰もが愛国心をまったく持たない社会」のアイデアを捨ててしまうのだ。そこから先は、極端な例から生まれたアイデアをもとに、さらに「３ＷＨＡＴ・３Ｗ・１Ｈ」を使って、深めていくといい。

# “対立軸”をふまえて発想を広げる！

**誰もが愛国心を
まったく持たない社会**

▼

誰もが国のことを愛そうとせず、国のことを気にかけない

▼

自分たちの手で社会をよくしようとする意識がない

▼

自分たちの国のことを権力者に任せきりになる

▼

国民の考えが国のあり方に反映せず、権力者がすべて独裁的に決定するようになる

▼

独裁者が生まれる温床となる

▼

愛国心を高めることは、社会が独裁政治へ向かうのを防ぐことにもなり、民主主義を実現するうえで不可欠

**愛国心**

愛国心を高めることで、ファシズムに陥る危険性もある

▲

ファシズムの危険

▲

「愛国心」の名のもとに暴力も認められる可能性も出てくる

▲

**愛国心を持つことを
強制される社会**

点とりポイント！

● **極端な例を想像することで、斬新なアイデアが出やすくなる**

# 思いつきの羅列ではなく、イケるアイデアにしぼって論を深める

「３ＷＨＡＴ・３Ｗ・１Ｈ」は、あくまで小論文を書くアイデアを見つけるために行なう作業だ。「すべてを埋める」ことが目的になっては意味がない。試験中、思いつかない項目があれば、すぐ次のＷＨＡＴなり、「Ｗ」なりに進めばいい。また途中で、「これはイケる」と思えるアイデアが出てきたら、そのアイデアにしぼって、「３ＷＨＡＴ・３Ｗ・１Ｈ」を考えていく作業に移ろう。そうすれば一つのアイデアがより深まって、個性的な意見になりやすい。

たとえば「ＷＨＹ」を考えているときに、「愛国心はしばしば外国人の排斥に結びつく」というアイデアが出てきたとする。「これは使えそうだ」と思ったら、これをさらに深められないかを考える。さらに「ＷＨＹ」と深めていって、「愛国心が行き過ぎると、同じ価値観を持たない人に対する差別につながる」とか、また「結果のＷＨＡＴ」から、「外国に対して排他的になり、日本が国際社会で孤立する」と考えることもできる。

アイデアを深めていくことで、浅い理解のアイデアを羅列しただけの、論理的なつながりのない文章になるのも防げる。結果として、小論文にも説得力が出てくるのだ。

しかし、途中で一つのアイデアにしぼって深めて考えるのは、時間に限りがある本番での話だ。練習のときには、アイデアの出し方や小論文の書き方に慣れるために、「これだ」と思ったものに限らず、「３ＷＨＡＴ・３Ｗ・１Ｈ」すべてについて考えてみる。苦手な視点、分野など自分の考え方のクセに気づくだろう。一見遠回りに見えるトレーニングが、アイデア出しと考察の力を強化する。

## 鋭い視点を見つけたら残りはバッサリ捨てる！

**「イケる」アイデアに絞って考えを深めていく**



点とりポイント！

イケるアイデアが出たら、ほかを捨てて、そのネタに絞った「3WHAT·3W·1H」を考える作業に

# 「身近な問題は書きやすい」の大間違い！「ＷＨＹ」で社会問題につなげる

小論文のテーマが自分にとって身近なとき、多くの受験生は、書きやすいと思うだろう。でも、そんなときこそ要注意。悲しいことに、あなたに身近ならば、ほかの受験生にも身近である場合がほとんどだ。加えて、身近な問題ほど、自分の体験や新聞・テレビなどで見聞きした話を書くだけで終わってしまうことが多い。一から考えるテーマのようにアイデアが十分深められず、論理で読み手を説得する小論文としては不合格だ。たとえば「愛国心」というテーマに、「私はいつもオリンピックで日本を応援している。そしてメダルを取った日本人選手を誇らしく思う。みんなももっと愛国心を高めて、日本を誇らしく思うべき」など、自分の話から深められていない「べき論」に終わっては、採点者に、ただ自分の怒りや想いを述べるだけの幼稚な印象を与えるだろう。

こういう失敗をしないために、身近な問題が出題されたときほど、「ＷＨＹ」について考え抜くようにすることだ。「なぜ」を繰り返すことで、自分の問題とは離れた社会一般の話にまで広げることができる。たとえば、「オリンピックで日本を応援するのが好き」→なぜか→「日本を応援することで、自分が日本人の一員だと安心できる」→なぜか→「日本人の一員だと思えることで、自分のアイデンティティーを確認できる」→なぜか→「人間には自分のアイデンティティーを確認できる何かが必要」といったアイデアも出てくるだろう。そこから「愛国心を高めることで、誰もが自分の確かなアイデンティティーを持つことができるようになる」といった結論になるかもしれない。

「ＷＨＹ」を考えていくときは、できるだけ社会一般につなげるかたちで考えることを心がけよう。

# 身近なテーマこそ危険信号

例

いつもオリンピックで熱狂的に日本を応援している人

▼

「愛国心」のテーマに親近感

▼

アイデアが「オリンピックでメダルを取った日本人選手を誇らしく思った経験」「周囲が自分ほどオリンピックに関心を持っていないことに納得いかない気持ち」などの体験談

▼

感情的な文章になりがち

▼

**結論**
**「みんなももっと愛国心を高めて、日本を誇らしく思うべきだ」**
一見社会的な内容を述べているように見えるが、例は自分の話のみで深められていない。個人的な怒りを述べているだけ

▼

論理で読み手を説得する小論文として不合格

**小論文では、ある問題を手がかりに、日本の抱える社会問題や現代社会の解決すべき問題について考えることが求められる**

点とりポイント！

**身近な問題がテーマであれば、アイデアが自分の体験から思いつくことだけの作文になりがち。「なぜ」を繰り返して、社会一般の話まで広げる**

3-7

# テレビや新聞の話題に結びつけて、社会性を持たせる

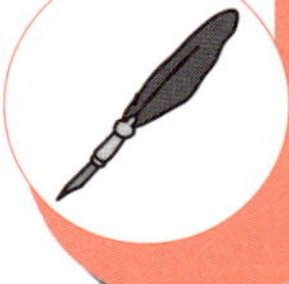

前項で、テーマが身近なときこそ、社会一般の話にまで深めようと書いた。ただ「社会一般の話」といっても漠然として、どんな話がいいのかわからないかもしれない。そんなときは、テレビの報道番組や新聞でよく取りあげられる話題に注目しよう。マスコミに取り上げられるということは、その話題が多くの人にとって、つまり社会的に関心が高いということ。身近なテーマを社会一般の話につなげるのに、とてもいい素材なのだ（次の図の例を参照。「愛国心」をマスコミにもよく取り上げられている「グローバル化」と結びつけたもの）。

自分の中にアイデアのストックを持っておくのも大切だ。どんなふうに論が展開、説明されているか、「3WHAT・3W・1H」の型にあてはめながら見たり、読んだりしよう。

ただ新聞や本が苦手な人は、無理して読んでも頭には入らないだろう。そんな人は、テレビから時事問題に関するネタ集めをするといい。ニュースや報道特集、識者同士による討論など、テレビは内容もわかりやすく、かみくだいて説明しているものが多い。映像が印象にも残りやすい。とくに討論番組は、YES・NOの両意見を聞くことができるので小論文対策にはもってこいだ。

実際に書く際には、社会一般の話につなげるために使った、新聞やテレビの話題には、その後あまりこだわらないこと。直接テーマとは関係ない話題のため、あまりこだわると小論文の内容が混乱したものになりやすいので注意したい。

# テーマを時事問題と結びつけてみる

例 「愛国心」を「グローバル化」と結びつけると……

**グローバル化の問題点**

1 外国の文化や価値観が浸透してきて、自国の文化や価値観を見失いやすくなる

2 グローバルスタンダードを要求されて、自国の利益を守りにくくなる

**解決策**

1 国民が自国の文化や価値観にもっと誇りを持てるようにする
自国の文化や価値観に誇りを持てるようになれば、外国に対しても対等に交流したり交渉したりできるようになる

2 グローバルスタンダードに自国の価値観を近づけるのではなく、グローバルスタンダードを自国の価値観に近づける

**「愛国心」 定義＝自分の国を愛し、誇りに思う心**

→ 国民が自国を愛し、誇りに思うようになれば、自国の価値観をしっかりと保てるようになり、グローバル化が抱える問題も解決しやすい

→「愛国心を高めることで、自国の価値観をしっかりと保てるようになる」という点にしぼって、さらに考えを深めていけばいい

→実際に小論文として書くときには「いまグローバル化によって自国の価値観が見失われるのではないかと心配されているが、そんな時代こそ愛国心を高めることが必要だ」といった程度にとどめておけばいい。うまく触れることができないなら、まったく触れなくてもOKだ

**点とりポイント！**

- テレビや新聞の話題は、アイデアを社会一般の話に結びつけるベストな材料
- テレビのニュースや報道特集、討論番組はネタ集めに最適

# ハンパな意見は捨てて、一番鋭い意見を結論にする

書いたメモのほとんどは、実際の小論文に書くわけではない。メモを通して出てきたアイデアを取捨選択してこそ、受かる答案になる。そこで、まず決めなければならないのは、結論をＹＥＳ・ＮＯのどちらにするかだ。

選ぶポイントは、自分がどちらを同感できるか、またはより正しいと感じられるかではない。どちらが、意外性があり読み手を説得できる内容にできるかどうかだ。

まずメモの中から、おもしろそうなアイデアをピックアップ。その部分は丸で囲むなり、線を引くなりしておく。これが、ＰＡＲＴ２で紹介した構成のメモをつくるときに役に立つ。選んだものの中でいちばん鋭いアイデアはどれかを考えれば、自動的にＹＥＳかＮＯどちらで書くかが決まる。これ以外のアイデアは、選んだアイデアを補強するものはどれかで選ぶ。逆の結論を導き出すアイデアでも、それを書くことで論が深まるのなら採用だ。

ピックアップ作業でとにかく重要なのは、不要と思ったアイデアは潔くどんどん捨てていくことだ。「せっかく思いついたのだから」と、補強にならないアイデアまで無理に使うと、せっかくの良いアイデアの光を奪いかねない。

良いアイデアがないことよりも、よけいなことが書いてあるほうが小論文の不具合を際立《きわだ》たせるので、思い切って捨てよう。本番ではないときは、ＹＥＳ・ＮＯの両方で書き分けてみたり、字数が変わったときにアイデアはどうなるか考えたり、トレーニングしてみよう。

# アイデアメモの取捨選択で答案の切れ味は決まる！

**例** **テーマ「愛国心」**

「愛国心を高めることで、
真の民主主義を実現できる」

「愛国心」で、いちばんおもしろいアイデア

このアイデアの結論は YES

◀ YES と決めたうえで、アイデアメモを再チェック

◀ このときの視点

○ 「愛国心を高めることで、真の民主主義を実現できる」を補強するアイデアはないか

✕ 「YES の結論を補強するもの」という視点で探すと、YES の理由をただ並べ立てただけで深みがない

**いちばんおもしろいと感じた意見を補強するアイデアを取り上げていくことで、深みがあり説得力のある小論文に。**

**また NO の結論につながるものでも、それが YES という主張を引き立てるのに使えそうならば、やはりチェックしておく。これは「意見提示」で、「確かに～」と反対意見を書くときの材料に。**

**点とりポイント！**

- **YES･NO の結論は、よりおもしろいアイデアが出ているほうに決める**
- **ほかに使うアイデアは、「おもしろいアイデアを補強するもの」という視点で探す**

3W・1H

## NO 愛国心を高めるべきではない

### （理由・背景）なぜ、それが起こったか

- 愛国心はしばしば排斥に結びつく。自分の国や民族を愛するあまり外国人を排斥する
- 多様な意見を尊重しない社会になる。民主主義の精神が損なわれる。民主主義とは多様な価値観を許容することだから
- 愛国心を持つと対立を引き起こす
- 愛国心が強いと国際社会で孤立する危険もある

### （歴史的経緯）違う時代ではどうだっただろうか

- 日本人全体に愛国心を強制するようになる。愛国心をあまり持たない人が「売国奴」「非国民」とされる…戦前の日本

（地理的状況）違う場所（国、地域など）ではどうだろうか

- 自国ばかり正しいと考えて、他国の言い分に耳を貸さない
…9・11後のアメリカ
- 権力者が扇動。「愛国心」を唱えるとすぐにまとまる
…中国の反日運動

### （対策）その問題にどう対処したらよいだろうか

- グローバル化した社会では狭い価値観で判断できないことが多い→異文化理解が大事

## アイデアメモはこうつくる

### 「3WHAT・3W・1H」で考える

**3WHAT**

**（現象）何を意味しているか**

- 愛国心とは…自分の国を愛する心

**（現象）現在、何が起こっているか**

- 教育基本法に加わる
- 憲法に加えようとする動きがある。

　↓**問題提起を考えるヒント**

すなわち、「最近、政治家が日本人の愛国心を高めようとしている」

**（結果）今後、何が起こると予測されるか**

- 戦時中のようになるかもしれない

**YES** 愛国心を高めるべきだ

**3W・1H**

**（理由・背景）なぜ、それが起こったか**

- 郷土を愛する心→自分たちの社会をよくしようという連帯感を持つ。逆に国を愛さないことは自分たちの社会をよくしようとしないことだ。そうなると、国のことを権力者に任せきりになるので、こちらのほうが危険

◎グローバル化した社会では自国の価値観を失いやすくなる

↓

**点とりポイント…よいアイデアが出たと思ったら、ここでじっくり考える！**

- 日本人の価値観をしっかり持ってこそ、世界と交流できる。他人の価値観で生きることはできない
- 日本人であること、日本国民であることに誇りを持ってこそ、他者を尊敬できる
- 自国の利益を中心に交渉できる。そうしてこそ成熟した国家と言える

## 模範解答

# 愛国心（五〇〇字以内）

最近、一部の政治家の間で、日本人の愛国心を高めようとする動きがある。それでは、日本人はもっと愛国心を高めるべきなのだろうか。

確かに、愛国心は行き過ぎると危険な面がある。自分の国や民族を愛するあまり、外国人を排斥しようとする。そうすると、戦前の日本のように国際的に孤立する危険がある。また、差別に結びつく恐れがある。そうならないように十分に気をつける必要がある。しかし、日本人は今よりもっと愛国心を高めるべきだと考える。

現在のようなグローバル化した社会では、自国の価値観を失いやすい。日本人の価値観をしっかり持っていなければ、他国と対等に交流することはできない。他国の価値観では決して自国の利益を考えた交流ができないからだ。それは日本の国益を減らし、国の衰退を招く。そうならないためには、国民一人一人が愛国心を高めて、自国の価値観を持つことが大切である。

以上述べたとおり、日本人はもっと愛国心を高めるべきだと、私は考える。

1 問題提起 → 2 意見提示 → 3 展開 → 4 結論

# PART 4

# 採点者の印象がアップする小論文の基本のマナー

原稿用紙の使い方や文章作法、言葉の使い方にも、思い込みによるミスや陥りがちな誤りがあるかもしれない。分かっていると言わないで、もう一度復習し、内容以前のミスによる減点を防ごう。

# 今さら他人に聞けない原稿用紙の使い方

受かる小論文を書くためには、内容以前に大事なことがある。原稿用紙の正しい使い方だ。わかっているつもり、ではうっかりミスをしかねない。ここで体に叩き込もう。

なかでも最も基本的なことは、書き出しを一マスあけること。同様に、改行して新しい段落を書きはじめるときも、最初の一マスはあける。段落をきちんと分けている、内容の区切りをわかって書いている、ということの基本アピールだ。

次に大事な基本的ルールは、文章の最後につける「。」や途中につける「、」などの処理だ。これら句読点は、文字と同じ扱いになるので原則として一マス使う。例外は、前の文字が行の最後で終わる、または区切れるときだ。一マスに一つなら、句読点は次の行の頭に来る。だがこの場合は前の行の最後、つまり前の文字と同じマスに書くのがルールなのだ。カギかっこも一マスに一つ。句読点と同様、文の頭には入れない。文末のマスに文字と一緒に入れること。カギかっこを使ったら、始めと終わり、二つそろっているか必ずチェックすること。

小論文の答案用紙は、縦書きの場合と横書きの場合がある。とくに注意したいのは、縦書きだ。いざ書こうとすると悩むことが多い。たとえば数字、カタカナ、単位などがその例だ。ふだん横書きの原稿用紙でばかり書いていると、つい数字を算用数字で書いたり、英語の表記にとまどったりする。本番でそんなことのないよう、次頁の表記を参照してふだんから書き慣れておきたい。

「受かる小論文」を書くための最低限のマナー①

# 基本的な原稿用紙の使い方



**1 書き出しは一マスあける**

✕ 受かる小論文を書く

○ 　受かる小論文を書く

**2 句読点を行の最初につけない**

✕ …原稿用紙の使い方だ
。

○ …原稿用紙の使い方だ。

**3 小説や音楽の作品名は『』でくくる**

✕ ベートーベンの「運命」には

○ ベートーベンの『運命』には

**4 カギかっこのなかのカギかっこには『』を使う**

✕ 「問いに「ノー」と答える」

○ 「問いに『ノー』と答える」

**5 縦書きの文章では数字は漢数字で書く**

✕ 100人

○ 一〇〇人

○ 百人

**6 横書きの文章では算用数字を使う。その際、一マスに二文字入れる**

✕ 五百人

✕ 500人

○ 500人

**7 英語は略語以外は横書きにする**

✕ NGO（非政府組織）

○ NGO（非政府組織）

✕ moonといえば

○ moonといえば

**8 単位はカタカナを用いる**

✕ %　m　kg

○ パーセント　メートル　キログラム

**点とりポイント！**

- 数字は漢数字、単位はカタカナで書け
- 英語は横書きにして、一マスに2文字ずつ入れる

# 文体は統一しているか、主語と述語は対応しているか

文章を書くときのルールの一つに、「文体を統一する」というものがある。文体には語尾が「〜だ」「〜である」で終わる「だ・である」調（常体）と、「〜です」「〜ます」で終わる「です・ます」調（敬体）がある。どちらかで書きはじめたら、最後までその文体で書かなければならない。途中で「だ・である」調から「です・ます」調に変えたりすれば、「中身が混乱している文章」「統一感のない文章」と思われてマイナスだ。小論文は、書き手の論理性も問われるのだから、その意味でも文体は統一しなければならない。

では、どちらの文体を用いるか。小論文では「だ・である」調が基本だ。「私はこう考える」「この意見には反対だ」と自分の考えを主張するのに適している。一方の「です・ます」調は、幼稚な印象を与えやすく、文章が平板になりやすい。

語尾の問題でもう一つ注意したいのは、体言止めを多用しないことだ。「だ・である」調に「〜とは……のこと」といった体言止めが入るのは、ルール違反ではない。だが体言止めを使うと、感覚的な文章になりやすく、小論文には不向きだ。「〜は……だ」と最後まで説明するからこそ、文章に説得力も出てくる。

受験生の小論文には、主語と述語が対応していない文章が意外に多い。一見対応しているような文章でも、きちんと読み返してみると、言葉が足りなくて主述が通らないこともある。ちょっとしたミスで、一気に論理性のない文章と思われてしまい、減点の数字以上のダメージになる。

「受かる小論文」を書くための最低限のマナー②

# 文体・文法のルール違反

## 違反1　文体が統一されていない

✕　～だ。なぜなら…です。

○　～だ。なぜなら…である。

→「だ、である」で通すほうが小論文に適している

## 違反2　主語と述語が一致していない

✕　高齢化社会の問題は、　経済力が落ちる。
（主語 ……✕…… 述語）

○　高齢化社会の問題は、　経済力が落ちることだ。
（主語 ………… 述語）

→ちょっと語句を追加することで、
文法的に正しい一文にできる

## 違反2　動詞が重複している

✕　私が思うのは、……と思う。

✕　必要なのは、……することが必要だ。

○　私が思うのは、……だ。

→主語と述語が対応しているかチェックすれば
防げる

**点とりポイント！**

- 「だ・である」調のほうが、論理的で説得力のある文章を書きやすい
- 体言止めはエッセイや文学向きで、小論文には不向き
- 主語と述語の不一致は、小論文で最も犯しやすいミスの一つ
- 「私が思うのは、……と思う」など動詞の重複には、とくに注意

# 「話し言葉」ではなく「書き言葉」を使う

受験生の小論文を添削していると、「話し言葉」の乱用が多いことに唖然とする。テレビや雑誌、インターネットで、話し言葉をあえて書き言葉として使用する機会が多い影響か、一昔前と比べると、受験生の話し言葉を使う頻度は確実に上がっているようだ。「いろいろな」を「いろんな」、「〜など」を「〜なんか」、「したがって」を「なので」と使うのが代表例だ。

小論文で話し言葉を使うと、内容がどうであれ、幼稚な印象を採点者に与えかねない。きちんとした書き言葉を使うように心がけてほしい。

また話し言葉にさえなっておらず、明らかに日本語として間違った表現を使っている受験生も少なくない。とくによく見かけるのが、「〜しないべきだ」というものだ。「〜するべきではない」「〜してはならない」などと書くのが正しい。「違かった」もよく見かける間違いだ。「違った」「違っていた」と正しく書くこと。

さらに多いのが、「見れる」「食べれる」といった「ら抜き」言葉だ。最近はテレビや雑誌、本、インターネットでもよく使われており市民権を得た感すらあるが、入試の答案では避けたほうが無難だ。ここは「見られる」「食べられる」と、しっかり「ら」を入れておいたほうがいい。これだけで採点者に、「正しい言葉遣いのできる学生」と思ってもらえる可能性もある。

どういう言葉を使えば小論文としてふさわしいかは、本を読んでいれば自然に身についてくる。本を読むのは苦手な人は、新聞の文体を参考にするといい。

# 小論文では口語表現を避ける

## 無意識で書いている「話し言葉」に注意！

| 話し言葉 | | 書き言葉 |
| --- | --- | --- |
| いろんな | → | いろいろな |
| してる | → | している |
| なんか | → | など |
| でも、だって | → | しかし |
| なので | → | したがって |
| だからって | → | だからといって |
| ～しないべきだ | → | ～すべきではない<br>～してはならない |



## 「ら抜き」言葉を使わない！頭がいい見分け方

▶ 命令形が「ろ」で終わるものは「られる」

例 見ろ → 見られる　　食べろ → 食べられる

▶ 命令形が「れ」で終わるものは「れる」

例 走れ → 走れる　　帰れ → 帰れる

**点とりポイント！**

- 話し言葉を用いると、採点者に幼稚な印象を与えやすい
- 間違った言葉遣いは、常識を疑われる

# 知らずに知性を見られる略語、流行語、間違い漢字

間違いとまではいかなくても、採点者に悪い印象を与えてしまう言葉遣いや表記がある。減点はされなくても、内容の論理力や書き手の知性が二〇％くらい目減りする感は否めない。

「！」や「？」は、新聞や雑誌の見出しでもよく見かける記号だが、小論文で使うのはどうだろう。「！」や「？」は読み手の感情に訴えかけたいときに使う記号で、冷静に相手を説得したいときに使うものではない。冷静に読み手を説得するのが目的の小論文にも、ふさわしくない。

流行語も小論文では避けたいもの。小論文は論旨だけでなく、文章力や語彙《ごい》を試される意味もある。一時限りの流行語を使うのは、「きちんとした日本語を知らない」とアピールするようなものだ。同じように、略語も使わないほうが無難だ。ただし「パソコン」「ＭＤ」「コンビニ」など、すでに略語が正式名称のようになっているものは、そのまま使ってもいい。基本的に朝日、読売、毎日の三大紙で使われている言葉は、そのまま使えると思って問題はない。

また原稿用紙を見たとき、カタカナの目立つ文章は知的な印象を与えない。「ドタドタ」などと擬音語を多用したり、「オレ」「センセイ」などと、あえてカタカナで書くのは逆効果だ。基本的に外来語以外は、カタカナは使わないようにしよう。

誤字は本当にもったいない。せっかくいい内容を書いていても、これではイメージダウンだし、当然、減点の対象にもなる。漢字が思い出せないときや、使いたい漢字が正しいかどうか自信がないときは、別の表現を使おう。

# その他、内容以前の小論文の常識

## 感情を表す記号は使わない

！　？　♡　（笑）　など

## 略語は正式名称以外用いない

NY → ニューヨーク

デパ地下 → デパート地下の食品売り場

※意識せず使っている略語に注意。
新聞で使われている言葉をチェックしておこう。



## カタカナを多用しない

ゼッタイに → 絶対に

ドタドタ、ムシャクシャなどの擬音語、擬態語

## 漢字を間違うくらいなら別の表現を

空虚 → 空っぽ、うつろ

点とりポイント！

- 略語や流行語は三大紙で使われているもの以外は使わない
- 誤字を避けるため、わからない漢字は別の言葉に替える

# 一文が短いほど「分かりやすい文章」になる

「一文が長い文章ほど上手、立派だ」と勘違いしている人も少なくないだろう。

だが、これは大きな誤解だ。長い文章は悪文に陥りやすいのだ。長文は、どれが主語でどれが述語かわかりにくくなる。最後の最後まで長々と読まないと、意味がわからない。

しかも、読み手だけでなく書き手の側も混乱を起こしやすい。書いているうちに、自分でも何が主語で何が述語なのかがわからなくなり、その結果、「地球環境は……努力している」のような主語と述語が合っていない文章を書いてしまう。長い文章になってしまう理由として、自分の考えが整理されていないことが挙げられる。頭に浮かんだことを、そのまま文章として書いてしまうのだ。

では具体的に、どの程度の長さに抑えるか。小論文の場合、あまり短い文ばかりだと論理的な説明をしにくいので、一文を六〇字以内にするのが目安だろう。

文章の、次のまとまりの単位は「段落」だ。だが、受験生の書く小論文を見ると、段落の分け方が、いたっていいかげんなものが少なくない。「最初から最後まで一つの段落」、逆に「一行ごとに改行、段落だらけ」というものもある。こんな段落分けの小論文は、読むまえから「論理的でない」と、思われてしまうこともあるのだ。

段落の数は、六〇〇字から一〇〇〇字程度の小論文の場合なら、四つの段落に分けるといい。具体的には、ＰＡＲＴ２で紹介した「樋口式四部構成」に沿って書けばいい。「問題提起」「意見提示」「展開」「結論」の各部が始まるところで、改行をすればいい。

# 分かりやすい文章にするコツ

### 四段落で書く（600～1000字の場合）

段落分けを「問題提起」「意見提示」「展開」「結論」ごとに行えば論理的になる。

### 一文を短くする（60字以内）

一文の長い文章は意味のわからないだらだらした文になりやすい。

接続助詞に注目すると分けやすい。

「～だが、…だ」

「～だ。だが、…だ」

点とりポイント！

- 一文を短くすると、分かりやすい文章になりやすい
- 段落は論理の区切りで改行する。「樋口式四部構成」を行えば、論理的に段落分けできる

# 時間配分を決め「時間切れ」を防ぐ

本番で絶対に避けたいことは、最後まで書き終わるまえに時間切れになってしまうことだ。どんなにすばらしい内容の小論文を書ける力を持っていても、結論まで規定の分量で書かれていなければ、それだけで不合格となってしまう。

そこで重要なのが、最初にしっかり時間配分をしておくことだ。PART2、3で述べたように、受かる小論文を書くには、アイデアを出す時間、構成を考える時間、原稿用紙に書く時間の配分を考えることが大事になる。

そのためには、まず自分が原稿用紙を書くにあたって、どれぐらいの時間を必要とするかを知っておくことだ。練習のときに、実際に何回か計ってみればわかる。この時間をもとに、時間配分を決めていくわけだ。

出した時間は、原稿用紙に書いておき、時間が来たら、中身が不満足でも次の段階に移っていく。そうすれば全部書くまえに、時間切れという最悪の事態を防げる。

書きはじめると、つい論旨がズレてしまう人は、迷子にならないように、原稿用紙や問題用紙のあいたところに、段落ごとの要点を書いておこう。自分の書いている内容がズレていないか、段落単位でチェックしていれば、論旨がズレそうになっても、軌道修正は簡単にできる。

ちなみに最後の見直しは、誤字・脱字のチェックにとどめることだ。わずか五分で内容にまで手を入れるのは無理がある。気になる箇所があっても、ここは目をつぶりたい。

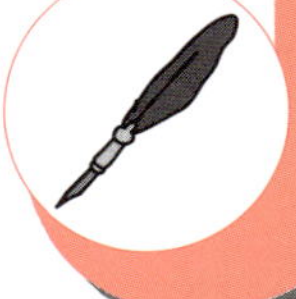

# “時間配分”のやり方

## 自分が800字書くのに、何分かかるか計っておく

800字書くのに、40分かかる場合、
400字なら20分、1000字なら50分程度かかる。

▼

## 時間を配分する

90分800字の場合、答案づくりに40分だから、メモづくりに使えるのは50分。
ただ最後の5分は最後の見直しに使いたいから、実質45分が、アイデア出しや構成にかけられる時間だ。構成に10分かかるとすると、アイデア出しには35分かけられることになる。

例 90分800字
10時スタートの場合

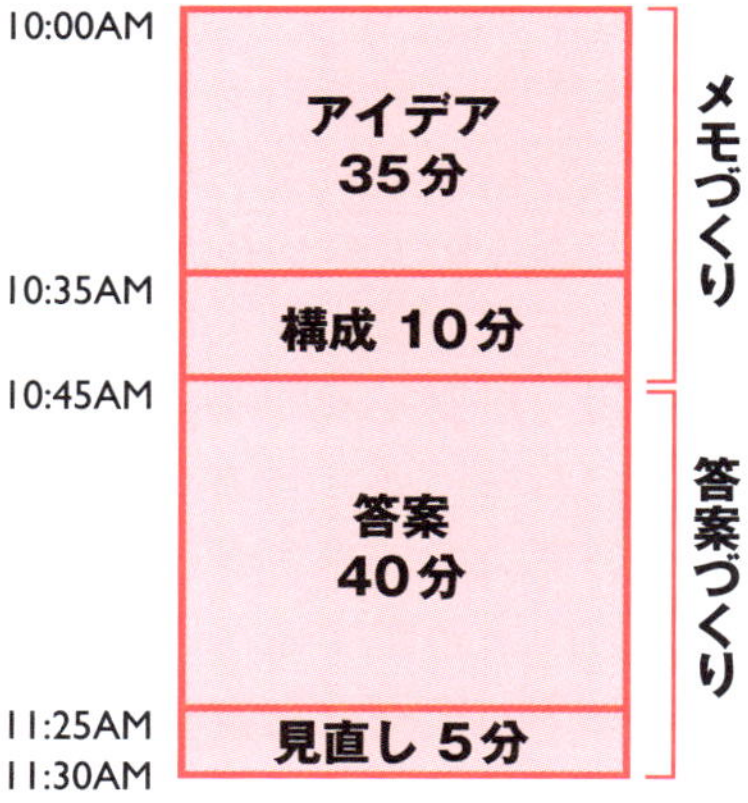


▼

## 予定時刻を書き出す

### 点とりポイント!

- 読試験開始後すぐに、原稿用紙の余白に「時間配分」をメモする
- アイデアや構成に不満足でも、答案づくりの時間が来たら原稿用紙に書きはじめる
- 構成を崩さないために、最後の見直しは誤字・脱字の訂正程度に

さらに得点をのばすための

## 学部系統別　ワンポイントアドバイス

### 法学・政治学系

民主主義、国家のあり方、グローバリズム、少子高齢化など、現代社会の抱えている問題について出題されることが多い。社会的な視野の広さが求められている。

この学部では、一人ひとりの人権をできるだけ尊重し、そのうえで平和で民主主義的な社会をつくることを前提として考える必要がある。もちろん、現在の議会制民主主義には問題点は多い。また、戦前の考えのすべてが間違っていたわけではない。だが、民主主義そのものを否定するべきではない。戦前の軍国主義を肯定するべきではない。人権を否定したり、反社会的なことを書いたりしないように気をつける必要がある。

# PART 5

## 受験生が陥りやすいミスを防ぐ徹底添削例

受験生が陥りがちな失敗例にはいくつかのパターンがある。何が小論文をダメにしているのか、注意する点、その直し方を知ろう。本章の最後には、同じテーマで高得点の解答例と、どこよりもくわしい解説があるので、ダブルで力がつくこと間違いなしだ！

**【PART 5の小論文の課題】**
近年、日本の社会は、国民の間で所得などの経済的な格差が広がって、いわゆる「格差社会」に突入したと言われています。そのため、これ以上格差が開かないように、政府が何らかの対策を取るべきだという意見があります。あなたはどう考えますか。600字程度で意見をまとめなさい。

# 未熟タイプ

## 「型」不十分・内容不十分・字句の間違いの多い例

格差社会と云うのは、貧富の差が広がって、それが固定してしまうような社会のことで、現在、格差社会だといわれている様だが、私は、それをなくすのは難しいのではないかと思うのである。それというのも、それが人間の宿命にほかならない故である。

確かに、格差のない社会がいいに決まっている。だが、それは見果てぬ夢なのだ。「ユートピア」とは「どこにもない国」と云う意味だった事が、その事を端的に表していよう。人間には必然的に、優れた人間と劣った人間がいる。そうであれば、必然的に格差は生じるのである。

無理に漢字にしなくてよい。

慣れるまではYESかNOかを問うこと。設問にしたがって「政府の対策を求める声もあるが、必要か」などを問うことをすすめる。

小論文で「宿命」「本能」といった言葉は安易に用いないこと。冷静に論じることができなくなる。

説明になっていない。このような決めつけを書くべきではない。

なぜ？　平等社会のほうが人権が守られるなど説明を。そして、対策が必要という立場の意見を示すようにしたい。

人間には様々な面がある。安易に優劣をつけるべきではない。「競争に勝つ人と取り残される人がいる」くらいにしておいたほうがよい。

格差をなくそうと云う無可能な夢を追いかけたのが、戦後の日本であった。その夢のために、国民は必死に働いた。だが、今や夢は醒めた。グローバル化し、競争に晒され、人々が余裕をなくして本性を露にした時、格差のない社会などという夢ははかなくも消え去ったのであった。もはや、時代の流れに任すしかない。それが日本人にたった一つ残された選択肢であった。
なので、格差社会を嘆いてはならぬ。それは弱者のたわごとだ。格差社会を切り開くべく自分の能力を磨いてこそ、これからの社会を生き抜いていける人間なのである。私はそのような人間になりたいと決意を新たにしたのであった。

不

「したがって」と書こう。

もっと冷静な表現に。

ここは鋭い！　グローバル化によってどんな競争が起こり、そこで格差はどうプラスに作用したのか、なぜ後戻りできないのかをきちんと説明してこそ説得力が生まれる。

自分がどうするかではなく、「格差社会に対する対策は必要ない」という結論を示さなくてはいけない。

講評

全体に、理由や根拠の説明が不十分。第一段落～第三段落の各段落で「だが」を使い、そのあと、「格差をなくすのは難しい」「格差は生じて当然」といった内容を繰り返してしまっている。YESかNOかをしっかり問い、「型」に則って全体を整理し、理由を掘り下げて説明するとよい。ただ、グローバル化という点を考えているのはいい。

# 論点羅列タイプ

## 展開部で論点を羅列している例

近年、日本の社会は、国民の間で所得などの経済的な格差が広がって、いわゆる「格差社会」に突入したと言われています。そのため、これ以上格差が開かないように、政府が何らかの対策を取るべきだという意見があります。では、本当に政府はそうした対策を取るべきなのでしょうか。

確かに、格差の拡大は悪い面ばかりではありません。バブルの時代以後、日本の経済は、不況でだめな状態でしたが、成果主義にしたら競争が起って、経済が多少よくなりました。今、それをやめてしまうと、経済のグローバル化についていけなくなるかもしれない。だ

小論文は「だ、である」で書く。
「です、ます」をまぜない。

話しことばは使わない。

内容はよい。

講評

「型」は使えている。だが、全体として浅い。第三段落の展開で三つの論点を並べてしまっている。最初の二つは論点としてはいいがそれぞれ字数を費やしていないため説明不足。最後の一つは感情的な指摘になってしまっている。文体等のおかしいところを改め、展開の論点は一つにしぼって説明を掘り下げるとよい答案になる。

から、対策はしない方がいいという意見もわかる。でも、これ以上格差が広がるのは問題だ。

Ⓐ昔の日本は、集団の和を重視して、みんなが平等と思っていた。それで、みんなそんなに不満を持たず、わりかし安定した社会だった。でも、このままだと、国民が不平等を感じて、社会が不安定になるかもしれない。Ⓑまた、このまま格差が拡大すると、所得の高い層と低い層に階層が固定してしまう心配がある。所得の格差が教育の差になって、それが就職にまで影響するという話を聞いたことがある。Ⓒそれに、今の格差社会では、お金を稼げる人が偉いと思われている。そんなことは、あってはならない！

なので、これ以上格差が開かないように、政府が何らかの対策を取るべきだという意見に賛成だ。

「したがって」と書こう。

「？」や「！」などの記号は使わない。

感情的な表現。

「また」「まずは」などとして、ⒶⒷⒸと論点を羅列してしまっている。
羅列すると、一つひとつが説明不足になり、全体として論が弱くなる。なるべくひとつにしぼって説明の充実を。
Ⓒは感情的なので、ⒶかⒷにしぼるといい。

聞いただけでなく、率直にそうなる恐れがあることを書くとよい。

# 不完全タイプ

## 「型」不十分・字数不足・テーマを論じていない例

　近年、日本の社会は、いわゆる「格差社会」に突入したと言われている。これ以上格差が開かないように、政府が何らかの対策を取るべきなのだろうか。

　やはり、対策を取るべきである。対策を取らなければ現状は何も変わらない。むしろ、ますます開く可能性がある。今の状況を変えていこうとする姿勢、つまり、対策が必要であり、取るべきである。

　対策を取るということは、国民が、政府が自分たちのことを考えてくれているということに気付く機会である。このことに気付いた国民は、政府に関心を持ち、政治などに協力

いきなり決めつけている。
根拠を説明しないと！

**現状がなぜよくないのか？ どうして対策を取らないと変わらないのか？ 説明がない。**

↓

それを「展開」で説明してこそ小論文になる。

★「意見提示」は、「確かに、…」で、対策を取らなくてもいいという立場を踏まえ、そのうえで「しかし、やはり対策を取るべきである。」としたい。

的になるはずだ。よい民主主義の国にする。

そのためにも、格差に対する対策は取るべきである。

私は、格差をこれ以上開かせないためにも何らかの対策を取るべきだと考える。

★全体の字数が不足。「意見提示」の「確かに」の部分と「展開」を具体的に詳しく説明すべき。

格差社会のマイナス面の説明になっていない。政府の対策が何に対してでも言えてしまう。

格差社会にピントが合っていない。格差社会を改善する対策を取ること自体の必要性ではなく、別の目的に対する必要性を言っている。

**講評**

第二段落以降おかしくなっている。第二段落で「確かに……、しかし……」を使った逆の立場への目配りがなく、対策を取るべきだと決めつけている。頭から格差社会は悪いものだと決めてかかり、吟味していない。そのため、格差社会についてほとんど何も考えず、たんに姿勢として対策を取ることにどんなメリットがあるかを第三段落で言ってしまっている。

# 作文タイプ

## 展開部で的外れな具体例だけを書いた例

課題文には、これ以上格差が開かないように政府が何らかの対策を取るべきだという意見がある、と書かれているが、果たして本当にその必要があるのか否か、考えてみたい。

確かに、低所得者に対する行き過ぎた補助は経済の活力を奪う危険性を孕んでいる。しかし、苦しい生活に喘いでいる人々を見殺しにする事はあまりにも残酷である、と私は考えている。

私の母の友人に、経済的に厳しい生活を送っていた女性がいた。彼女は生後まもなく親戚の家に預けられたのだが、学校で勉強をする為の教材は疎か、食事すら満足に与えても

課題を示した文章は、長い一本の文章ではなく設問文なので、その場合は「課題文」とは書かない。

感情に訴える感想文になっている。ここは「これ以上格差が広がらないような対策が必要」とはっきり書くこと。

低所得者対策の問題点にズレている。高所得者も含め、所得の格差をなくすための対策について、そのマイナス面も考えなくては！
（高所得者に高い税率をかけるなどをすると、努力しても報われないといった感覚が広まり、低所得者への手厚い保護と合わせて、社会全体から向上心がなくなり、経済が停滞する、など）

らえなかったそうだ。そのような家庭環境で育った彼女は、大人になっても読み書きすら満足に出来なかった。その為、彼女は肉体を酷使する仕事をいくつかかけもち、やっと食べていけるだけのお金を稼いでいたそうである。私がこの話を聞いたのは彼女が亡くなった後の事であるが、母は「過労が原因で亡くなったと言っても過言ではない」と話していた。

低所得者と呼ばれる人の中には、自身の怠惰さ故に経済的に苦しい生活を送っている人も居るであろう。だが、母の友人のように、半ば運命的にそのような生活を強いられている人が存在する事も事実である。以上の事から、政府は低所得者に対して何らかの対策を講じるべきである、と私は考えている。

★全体の内容を改めるべき。

「結論」はこれだけでよい。ズバリ、YES か NO かを言えば十分。

「結論」の字数が多すぎる。また、ここで新しいことを言うべきではない。これはカット！

感情に訴えるエピソードを語っているだけ。作文やエッセイの書き方になっている。しかも、現代の格差社会がテーマなのに、ここで挙げている例は、過去の社会全体がまだ今より貧しかったころの話。例としても不適切。

**講評**

第二段落から「格差の拡大」を社会的に考えるのではなく、低所得者の悲惨さを訴える内容になってしまっている。第三段落では、その具体例のエピソードだけを書いている。そうして、要するに「かわいそうだから」という理由で結論を出そうとしている。テーマを正面からとらえていないうえに、「作文・エッセイ」タイプの情緒に訴える内容を書いてしまった。

## 5-5

# 感情論タイプ　決めつけて、説教している例

　これ以上格差が開かないように何らかの対策を取るべきだという政府の意見に対して私は反対だ。なぜなら、世の中を甘く見る人が増えると考えるからだ。

　確かに、何らかの対策を取れば今日、増加しているホームレスの人々の死を減らすことができるだろう。私はホームレスの人々に無料で食事を供給するボランティアに何度か参加したことがある。そこで私が彼らから直接聞いたことだが、仕事もせずに自分の思うままに生きられるホームレスは楽しいというものだった。

　現在は未だ学歴社会が多く残っていると聞

やや感情的な理由づけ。小論文としてよくない記述。

設問をよく読むこと。「政府の意見」ではなく、「政府は何らかの政策を取るべきだ、という意見」についてだ。

- ホームレスの問題と今回のテーマは本質的に関係ない。テーマからのズレがある。
- さらに、個人的体験からのみ得た印象で語っているため、視野が狭く客観性に欠ける。
- 「確かに」は使っているが、「しかし」を使っていない。

慣れないうちはいきなり結論から書かないこと。「意見提示」の「しかし」のところと「結論」で同じことを繰り返さないようにしようとするあまり、論点がズレてしまうことが多い。

く。高学歴を得られて社会で真面目に生きている人もいれば、ホームレスとして生きている人もいる。前者からの募金で後者の人々が食事をしているのは不公平である。そのうえ政府が何らかの対策を取るというのは彼らの思うつぼである。

だから私は反対だ。政府が対策を取るのではなく彼らにありのままの現実を見せるべきだと思う。

★全体の字数もやや少ない。

格差社会と無関係。学歴格差を言いたいのかもしれないが、学歴とホームレスになるかどうかは、あまり関係がない。

感情的。

テーマはホームレス対策の是非ではない！
テーマを論じていない。

講評

「世の中を甘く見る人が増える」という理由で結論から入っているが、ここからやや感情的になり、論理性に欠けている。その後は「格差社会」の問題ではなくホームレスの問題にズレてしまっている。しかも、自分が体験した狭い範囲での感想に基づいた印象で語ってしまっている。

# 論点ずれタイプ

## YES・NOを論じきれていない例

格差社会とは、莫大な資産を持つ富裕層がいる一方で、生活保護世帯の数が増えることである。現在、格差社会というものがいろいろと言われているが、近頃発生してきた問題なのか。違う。昔から存在しているものなのだ。では、格差社会をなくすことはできるのだろうか。

　確かに、格差によって発生する問題はたくさんある。例えば、お金に余裕がない人たちの生活を苦しめることである。しかし、格差はなくなるものではない。格差をなくすというよりも、どのようにしたら貧しい人たちが持つ格差に対する不安を小さくしていけるか

定義から入る書き方自体はよいが、この定義が適切かどうかというと今ひとつ。

「確かに」の部分、記述量不足。

小論文では、この表記は使わない。「近頃になって生じた問題ではない」など、ストレートに書くこと。

テーマをとらえていない。格差社会に対して、政府が対策を取るべきという意見があることをここで押さえること。

＝

論ずべきテーマをとらえていない。「政府による格差社会対策は必要か否か」が論ずべきテーマ。

という社会のシステム作りが、大事だと思う。

例えば、江戸時代の頃は士農工商という制度が出され、生まれた一家の身分により身分は決まっていた。では、ローマ時代ではどうだろうか。ローマ時代にも格差はあった。しかし、ローマ時代には、どんなに身分が低くても格差の壁を乗り越えて上に登る可能性があった。これによって最下層の人でも上にあがることができるという希望を持てた。つまり、日本の政府は貧しい人たちに希望を持たせるような政策を考えるべきである。

現在の格差社会をどうすればよいかという問題に対する政策はとても難しい。しかし、貧しい人たちが格差に対する不安を小さくするための政策を考えることはできる。それこそ、格差社会に生きる私たちの課題である。

YES か NO かをややボカす書き方にしてしまっている。ここはシンプルに YES か NO かをハッキリ言うこと。

格差が拡大すると希望が持てなくなるのはどうしてか、分析して説明し、希望の持てる社会を築くのが政府の責務という考え方を示したうえでなら、この内容は生かせる。

論ずべきテーマからズレているばかりか、自分で書いた「問題提起」からもズレている。「なくせるかどうか」ではなく、「どうすればいいかだ」というパターンで、すり替えをしてしまっている。

**講評**

第一段落は、論ずべきテーマから外れている。第二段落は「確かに」の部分が自分の書いた第一段落と噛み合っておらず、「しかし」のところでは、別の問題点に論点をずらしてしまっている。そのため、第三段落は、現代の日本の格差社会について何も論じていない。

PART 5

# 逆転タイプ

## 途中でYES・NOが逆転した例

「格差社会」に対して政府が何らかの対策を取るべきだ、と言われている。では、本当に政府は格差が開かないような対策を取るべきなのだろうか。

確かに、行き過ぎた格差には対策は必要だろう。一部の富裕層が豊かな暮らしをして、多くの人々が貧困にあえぎ、搾取されるような社会であってはならない。Ⓐしかし、ある程度の格差なら、むしろ対策は取るべきではない。

今の格差社会は、長く続いた日本の年功序列が廃止され、成果主義が導入されたことでバブル以降の経済が好転した副産物のような

「結論」と逆の立場にしなくてはならないのに、「結論」と同じ立場を書いてしまっている。～～線部を「しかし」のところへ。

ⒶⒷ 逆接をくり返して、論の立場が不安定になってしまっている。

対策は取らなくてよいとする立場。これを「意見提示」の「確かに」のところへ。
★「しかし」のあとは、「結論」と同じ立場にすること。

ものだ。経済が好調で社会全体が豊かになれば、格差はあっても多くの人が貧困に陥ることなく、人間らしい文化的な暮らしを送れる。それに、成果主義によって、誰でも成功するチャンスがあり、希望の持てる社会になった。

Ⓑだが、ここに問題点がある。現実に大きな成功を収めるのは一握りの人間であることと、成果主義とは、その人の人間性ではなく、あげた成果によって人の価値が決まるということだ。そうすると、一握りの成功者の陰で多くの人々が価値の低い人間とみなされることになる。それは多様な個人の価値を等しく認める民主主義社会にふさわしくないあり方だ。

したがって、個人を大切にする民主主義社会のために格差社会に対する政府の対策は急務と考える。

★目のつけどころは鋭いが、構成がよくなかった。

これを「展開」にすると、成果主義に対するNOになってしまう。「成果主義によって生じた格差は、経済面だけにとどまらない影響を及ぼす」など、格差社会に照準を合わせる記述を入れると、この部分を「展開」の内容にできる。

**講評**

一読すると鋭い問題点を突いているようだが、論理が不安定になっている。第二段落の「しかし」のところで述べた意見について、展開の前半で根拠の説明をしながら、さらに逆の立場の問題点を指摘しているために、YES・NOの立場が展開の途中で逆転してしまっている。

# くわしい解説と高得点解答例

失敗例をいくつか見て、「どうなると点がとれないか」を学んできた。では、どんなふうに考えて構成していくと、「受かる、点数の高い」小論文を書けるのか。解説と模範解答をじっくり読んでみよう。メモのとり方のヒントとして、構成を考える参考として、ややくわしく解説を加えておいた。何度もじっくり読んで、自分なりの小論文を書くための参考にしよう。

**課題**

近年、日本の社会は、国民の間で所得などの経済的な格差が広がって、いわゆる「格差社会」に突入したと言われています。そのため、これ以上格差が開かないように、政府が何らかの対策を取るべきだという意見があります。あなたはどう考えますか。六〇〇字程度で意見をまとめなさい。

## くわしく解説

**問題提起**　「これ以上格差が開かないように、政府が何らかの対策を取るべきだという意見」についてどう考えるかが問われているのだから、その意見が正しいかどうかを問題提起すれば、それでいい。ヒントにもあるように、格差社会が良いか悪いかを単純に問題提起すると、「良い」とは答えにくいので、どうしても論が深まらなくなってしまう。日本社会の現状を踏まえたうえで、格差の拡大が是正すべき問題なのか、それとも今の社会にふさわしい変化なのかを考えることで、論が深まるはずだ。

## 3WHAT・3W・1Hによる考察

WHAT
**定義**

「格差社会」とは、簡単に言えば、国民の間の格差（とくに経済格差）が、はっきり感じられるほど大きくなった社会ということ。

WHAT
**現象**

じつは、政府の公式見解では、格差の拡大は認められていない。だが、様々な統計を見るかぎり、実際に格差が広がっていることは否定できない事実のようだ。もっとも、実際の格差以上に、「格差感」、つまり、格差が広がっているという意識のほうが先行しているとも言われている。「勝ち組」「負け組」といった言い方が流行したが、それもそうした格差感の表れと言えるだろう。

WHAT
**結果**

このまま格差が拡大すれば、所得の高い層と低い層に、階層が固定化するのではないかと言われている。所得が低い家庭の子どもは、私立の学校に行けず、また難関校に受かるために塾に通うこともできない。すると、どうしても収入の多い仕事に就くことがむずかしくなる。つまり、所得の低い層の出身者が、努力して所得の高い層へと移ることが困難になるということだ。そうなると、かつてのような階級社会・身分社会と変わらなくなってしまう。機会の平等を保障するのが民主主義の原則なのに、これでは民主社会とは言えなくなる。

WHY
**理由・背景**

格差社会が生まれた背景を考えてみよう。

これまでの日本では、年功序列・終身雇用の経営形態のもとで、いったん会社に就職すれば、よほどのことがないかぎりクビにもならず、年々給料が上がっていき、定年まで無事に勤め上げる、というのが、平均的なライフスタイルだった。

それが、バブルが崩壊して不況が続くと、そうもいかなくなった。また、経済のグローバル化が進んで、外国の企業と対等に競争するためには、日本的なやり方を押し通すことがむずかしくなった。

そこで、会社を立て直して競争力をつけるために、「成果に応じて地位・報酬を与える」という実力主義・成果主義が積極的に取り入れられた。その結果、能力がある人、成果を上げた人は高い収入を得られるようになり、逆にそうでもない人は、リストラされたり、給料が抑えられたりした。

また、コスト削減のために、収入の安定しない、いわゆる非正規雇用者(フリーター、派遣社員など)が増えた。これが格差の拡大につながり、現在、社会問題になっているわけだ。しかし、そのために、経済が活発になり、社会全体が活性化している面も否定できない。その結果として格差が拡大しているのであれば、それを単純に否定することはできない。格差の拡大を抑えようとして、経済が再び停滞したり、経済のグローバル化についていけなくなる危険もある。

WHEN
## 歴史的経緯

「背景」と少しかぶるが、日本は従来、世界でもまれに見る平等社会だと言われてきた。「一億総中流社会」と言われ、格差は小さかった。日本社会の集団主義的な体質は、そうした平等意識に支えられていたとも言える。それが、バブル期以降、崩れていった。その背景に、個人主義の浸透があるのは間違いない。競争が激しくなって、意欲とアイデアさえあれば、高い収入や社会的地位を得ることも可能になった。そのかわり、もはやみんなが中流、みんなが平等とは言えなくなって、かつての高度成長を支えてきた、国民の一体感のようなものが失われる可能性もある。

格差の拡大は、じつは日本だけの現象ではない。欧米の先進諸国や中国などでも、近年、格差の拡大が問題になってきている。

## WHERE 地理的状況

こうした現状を考えれば、日本で格差が広がっていることは、世界的なグローバル化の一環にすぎないと捉えることもできる。世界がグローバル化して、人や物が国境を越えて活発に移動するようになれば、企業はどうしてもコストの安い発展途上国に生産拠点を移したり、賃金の安い途上国の労働者を雇ったりする。そうしたことが当たり前になると、自国の労働者を雇う場合も、賃金が安く抑えられることになる。

また、それに対して、規制緩和が進んでいる現状では、国が自国の労働者を守ることがむずかしくなってきているのも事実だ。

## HOW 対策

この課題では考える必要はないが、格差の拡大に対して、安倍政権が掲げた「再チャレンジ可能な社会」の実現の考え方はヒントになるかもしれない。これは、格差が固定せず、多様な生き方が認められ、一度失敗した人もいつでも再チャレンジすることができる社会ということだ。ただし、ではどうすればそうした社会が実現するのか、という点については、具体的な施策が示されているとは言えない。

## YES・NOの根拠を整理した構成例

何を中心にして書くかを決めること。自分がもっとも自信を持って書けそうな論点、説得力のありそうな論点に絞って、それを「展開」に書くつもりで、全体を構成するとよい。実際に小論文を書くときには、同じような構成メモをつくってから、それに説明や具体例を加えながら書こう。

### 《構成例A》これ以上格差が開かないようにすべきだ　YES

1 **問題提起**　これ以上格差が開かないようにするべきか。

2 **意見提示**　確かに、格差の拡大は、日本経済が活性化してきたことの結果にすぎない面もある。これを単純に否定することはできない。しかし、これ以上格差が広がることは問題だ。

3 **展開　例1**　このまま格差が拡大すれば、所得の高い層と低い層に、階層が固定化する恐れがある。所得が低い家庭の子どもは、努力しても上の階層に行けず、下層から抜け出せないような社会になる。機会の平等を保障するのが民主主義の原則なのに、これでは民主社会とは言えない。

**展開　例2**　かつての日本は、集団の和を重視して、みんなが平等という意識を持っていた。そのため、安定した秩序のもとで、社会を発展させることができた。ところが、このまま格差感が強まれば、国民の一体感が失われる。そうなると、社会全体に不公平感が広がって、犯罪が増えるなど、秩序が不安定になる恐れがある。

**展開　例3**　現在の格差社会では、地道に努力する人、社会貢献をする人より、たくさんお金を稼げる人のほうが価値が高いとされる。そのため、「努力しても報われない」という風潮が広がる。そうして、無力感が広まると、人々のモラルが崩壊して、安全や治安が損なわれ、社会全体が停滞に陥る危険もある。

4 **結論** したがって、格差が開かないようにする必要がある。

## 《構成例B》 これ以上格差が開かないようにする必要はない NO

1 **問題提起** Aと同じ。

2 **意見提示** 確かに、格差が固定化して、階層社会になるのは好ましくない。そうならないように、気をつける必要がある。しかし、格差があること自体は悪いことではない。

3 **展開 例1** これまでの日本は、集団主義的な社会だった。集団の和を大切にするために、みんなが平等でなければならなかった。そのため、個人の能力や意欲が押さえつけられてきた。格差の拡大は、近年、個人主義が浸透して、個人の努力が正当に評価されるようになった結果にすぎない。それを否定するべきではない。

**展開 例2** バブル期以降、日本の経済は、不況のために立ち行かなくなっていた。それが、成果主義を導入することで、競争が活発になり、経済が活性化した。今、格差の拡大を否定すると、経済が再び停滞し、経済のグローバル化についていけなくなるおそれがある。

**展開 例3** これまでの日本は、一律の価値観で、みんなが一流大学・一流企業をめざしてきた。そのために、受験戦争が起こったり、ストレスの多い社会になった。だが、現在は、多様な生き方が認められている。たとえ収入が少なくても、自分の好きな仕事をして生活したいと望む人が増えている。その結果の格差の拡大であれば、悪いことだとは言えない。

4 **結論** したがって、格差を開かないようにする必要はない。

**模範解答**

最近、「格差社会」という言葉をよく聞く。テレビや新聞でも、格差社会の問題がしきりに論議されているようだ。格差の拡大を抑えるために、政府が何らかの対策をとるべきだとする意見もある。その意見は、正しいのだろうか。

確かに、格差の拡大は悪い面ばかりではない。バブル期以降、日本の経済は、不況のために立ち行かなくなっていた。それが、成果主義を導入することで、競争が活発になり、経済が活性化した。今、格差の拡大を否定すると、経済が再び停滞し、経済のグローバル化についていけなくなる恐れがある。しかし、これ以上格差が広がることは問題だ。

このまま格差が拡大すれば、所得の高い層と低い層に、階層が固定化する恐れがある。所得が低い家庭の子どもは、私立の学校に行けず、また難関校に受かるために塾に通うこともできない。すると、どうしても収入の多い仕事に就きにくくなる。一方、富裕な家庭は、子どもに高度な教育を受けさせ、有利な就職をさせることができる。つまり、親の経済力の差が子どもの将来を決めることになるわけだ。こうなると、下層の若者がいくら努力しても上の階層に行けず、下層から抜け出せなくなってしまう。機会の平等を保障し、だれにでも均等にチャンスを与えるのが、民主主義の原則だ。それなのに、機会が平等に与えられないような社会は、民主社会とは言えない。

したがって、私は、これ以上格差が広がらない対策を政府は取るべきだと考える。

# PART 6

## 出題タイプ別
## 目のつけドコロ＆
## 攻略のツボ

小論文試験にも頻出の出題パターンがある。５つの出題パターン別に問題アプローチ法を伝授。全ての問題に共通するのは、課題のメインテーマに対し、YES・NO の問題提起をすること。そのメインテーマを見つけ出すための目のつけドコロを学ぶのが PART6 のねらいだ。

課題文がついた問題

# 課題文を「四部構成」に分けて読み解く

次の文章についてのあなたの考えを八〇〇字以内にまとめなさい。

いまの二十歳前後の若者たちの行動を形容するのに「囲い込み」という言葉が最も適当なのではないかと、私は考えている。

かつて、情報社会になると、コミュニケーションが広がるといわれた。コンピュータによって、即座に遠くの人と通信ができる。価値観の異なった人とも意見交換、情報交換ができる。コンピュータ上では社会的地位を示さずに意見をいえるので自由な議論ができる。これまで閉鎖的だった日本のコミュニケーションを広げられる。そういわれたものだ。

だが、現実として、そうなっていない。今、進行しているのは、情報化によるコミュニケーションの縮小にほかならない。

キーワード　意見提示　問題提起　結論

課題文を四部構成に分けるとどうなるかを考えながら読んでみよう

目のつけドコロはココだ！

※「型」に改めてみると、課題文は次のようになる。

「問題提起は」第二段落の最初の一文「かつて、情報社会になると、コミュニケーションが広がるといわれた。」という部分だ。YESかNOかを問うかたちになってはいないが、ここで、本当にそうかどうかを問題たとえば、若者のほとんどが携帯電話のメール機能を使っている。携帯電話でメールのやりとりをするのは、仲のよい特定の人ばかりだ。だから、メールの内容も、馴れ合いの言葉しか使わない。仲間同士にしか通じない言葉が多用され、論理的に文章が展開されていない。部外者には、内容はほとんど理解できない。時には絵文字があり、大人たちには理解不能の日本語ともアルファベットともつかないような文字が使われている（ギャル文字というそうだ）が混じっている。

　いまでは、同じ価値観を持った人が各サイトに集まり、そこで閉じこもってしまっている。そして、他の価値観を持つ人と交流しようとしない。小さなサイトは増えたが、サイトとサイトの間の交流は失われている。結局はコミュニケーション不全社会になってしまっている。

　そして、そうなるにつれて、別の価値観の人と関わり、その考えの違いを認識し、またそれを埋めようとするために合った言葉が意味を失い、まさしく意味のない図になるという現象が進んでいる。

展開



提起しているものと考えていい。

「意見提示」は続く第二段落の「コンピュータによって、即座に遠くの人と通信ができる。」から第三段落まで。「確かに、これまで閉鎖的だった日本のコミュニケーションを広げられる。しかし、むしろコミュニケーションは縮小している」とまとめられる。

「展開」は第四段落から第六段落まで。

「結論」は第一段落。ここで全体の内容をまとめている。と同時に、最初に置くことで、これから述べようとしていることの予告にもなっているわけだ。

## 攻略のツボ

最近の小論文試験の出題傾向は、圧倒的に課題文がついた形での問題が多い。課題文がつく場合、出題者のねらいは、小論文を書く技術のほかに、読解力をみること。いくら論理のしっかりした小論文が書けても、課題文の読み取りを間違えれば、隣のホールにホールインワンするようなもの。

課題文を読み取る基本は三つ。①課題も四部構成で読むこと、②キーワードを探し、意味を理解すること、③著者が何に反対しているのかに、注目すること。この三つで、メインテーマが何か、つかみやすくなる。

課題文は論説文であることが多いので、四部構成にすっきりと当てはめやすいものが多い。四部構成に分けて読む最大のメリットは、何を主張しているのか、より理解しやすくなることだ。また、キーワードは文中で何度も繰り返されることが多い。テーマにかかわる重要な語だからこそ、繰り返し使われる。それだけ主張したい気持ちの表れなので、そこからテーマが見えてくるわけだ。そして、何かを主張するということは何かに反論するということなのだ。つまり、何に反対しているかを注意して読めば、メインテーマはおのずと見えてくる。

メインテーマをつかんだら、ＹＥＳ・ＮＯの両サイドから考えて、どちらがいい小論文を書けるかで、問題提起を決めよう。あとは型に従ってまとめればいい。どちらかというとＮＯを選ぶほうが、個性をアピールしやすい。「著者は～と語っているが、それは正しいのだろうか」とまとめると、読み取りと問題提起としては十分だ。

## 模範解答

課題文の筆者は、「情報化が進んでコミュニケーションが広がると言われたが、実際にはコミュニケーションは縮小している」と述べ、同じ価値観の人同士で集まり、他の価値観を持つ人と交流しない現状を、「コミュニケーション不全社会」として批判的に捉えている。それでは、こうした現状は、本当に好ましくないのだろうか。

確かに、同じ価値観の持ち主としか交流しない現状には、好ましくない面もある。現実の社会には、さまざまな価値観の持ち主がいる。そうした人々が、お互いに折り合いながら、社会が成り立っている。したがって、違う価値観の人とコミュニケーションできない人が増えると、社会が成り立たなくなってしまう恐れがある。しかし、違う価値観の人と無理に付き合う必要がない状況は、必ずしも悪いとは言えない。

日本はもともと集団志向の社会で、人間関係にうるさい面がある。年功序列の考え方が強く、また地域社会の付き合いに縛られることも多い。そのため、しばしば、自分を抑えて無理な付き合いをすることが求められてきた。近年は個性の重視が言われる一方で、実社会では個性を抑えることが求められることも多く、ストレスの多い社会だったと言える。だが、現在では、インターネットなどが発達して、距離を超えて同じ価値観を共有する仲間と交流することが可能になった。地域や職場など、実社会での人間関係にわずらわされずに、自分らしく振る舞うことができるようになったのだ。個人主義の発達した現代の社会においては、このように、自分を大切にして、同じ価値観の仲間と自由に付き合える状況こそがふさわしい。

したがって、私は現在の状況は好ましいと考える。筆者が「コミュニケーション不全社会」と呼ぶ現状は、むしろ新しい人間関係のあり方を示していると思う。

課題文がついた問題・多設問型

# キーワードに印を付け、課題文の主張を押さえる

次の文章についてあとの設問に答えなさい。

知性は言葉遣いに現れる。つまり、どの程度の知性なのか、その人が知的であるか、そうでないかは、言葉遣いによって把握できる。ある家庭がどれほど知的であるかは、その家庭の言葉遣いを聞けばわかる。

だが、それだけではない。もうひとついえるのは、言葉遣いが知性を作るということだ。

「　　」な言葉遣いをすれば、その人は「　　」になる。そして、親が「　　」な言葉遣いをすれば、子どもも「　　」になる。たとえば、親や友人が「理由は三つある。第一の理由は・・・」「私的レベルではそうかもしれないが、社会的に考えると、それは間違いだ」「背景には、別の問題がある」というような「　　」な表現を使っているとする。そのような環境の中にいたら、子どももそのような表現を身に着けるだろう。はじめは、表現だけが高度で内容は伴わないかもしれない。だが、それを続けるうち、表現に見合った内容を見つけるようになるだろう。そして、はじめは表面だけだったものが、実際に「　　」になり、頭がよくなる。

筆者の言う「口癖」の意味を、キーワードを使って書き表してみよう

目のつけドコロはココだ！

何度も出てくる言葉はキーワード！
の部分

つまり、用いる言葉に引きずられて［　　］になっていく。言葉が知性を作っていく。

そして、私が言葉の表現の中でも、とりわけ大事だと考えているのは、口癖だ。

口癖は、特に意識しないまま、日常の中で口にしている。子どもに対して話しかけたり、親同士で話したりする。だが、その中にこそ、知性が現れる。あるいは、知性の欠如が現れる。または、子どものやる気をそぐ口癖をいってしまうことがある。場合によっては、親が子どものやる気を出そうとしていった言葉が、むしろ子どもの知性を奪い、やる気を奪っているかもしれない。

**設問1**　［　　］の中に入る言葉を課題文中から選んで解答欄に書きなさい。なお、［　　］の中には全て同じ言葉が入る。

**設問2**　この文章に筆者の主張を表すような適切なタイトルを一〇字以内で考え、解答欄に記しなさい。

**設問3**　傍線部「私が言葉の表現の中でも、とりわけ大事だと考えているのは、口癖だ。」と筆者が考えている理由を課題文の内容に即して二〇〇字以内で説明しなさい。

**設問4**　この文章を読んで、あなたが考えたことを六〇〇字以内で書きなさい。

**例題の設問の意図は次のとおりだ。**

**設問1　キーワードの一つを答えさせる**

**設問2　ずばり、メインテーマを尋ねている**

**設問3　課題文をしっかり読み取れているかを見ている**

**設問4　課題文のメインテーマに対して、自分の意見を述べる力を見ている**

PART 6

## 攻略のツボ

課題文に、設問がいくつかついて、さらに小論文を書く、という形の試験も最近増えている。6-1のような課題文全体の読解力を問う延長上で、さらに課題文の内容の理解度を細かく見ようとするものだ。単語を補充する穴埋め問題、タイトル付け、全体または一部分の要約、傍線部の説明などが出題される。課題文全体は6-1で学んだように、四部構成で読むことに変わりはない。

要約とは、課題文の一部をそっくり抜き取ってくるようなものではないことを覚えておこう。要約はメインテーマとそれを支える説明部分とをまとめる。課題文を読んでいない人にわかるように、自分が書いた要約部分だけを読んでも内容が理解できるように説明を加えて書く必要がある。キーワードを使用し、キーワード以外の難しい意味の用語は、わかりやすく改める。

なお、要約をする場合、筆者になりかわったつもりで書く。だから「筆者は～と書いている」などといちいち書く必要はない。

説明を求められる論述形式の問題は、数学で習った「証明」の手順で考えるとよい。はじめに結論を書き、次に理由を書いていく。理由は、大事なものから書き、そうでもないものは後半に。

たくさん設問があると難しく感じるかもしれないが、恐れる必要はない。ていねいに課題文を読んで内容を理解するという基本は同じなのだ。

**点とりポイント！**

**設問１から順番に答えていく**

多設問型の小論文の場合には、設問１から順番に答えていくことで、課題文の主張が見えてくることが多い。だから、必ず設問１から順番に答えよう。

## 模範解答

**設問1**　知的

**設問2**　言葉遣いが知性を作る

**設問3**　言葉遣いに知性が現れるだけでなく、言葉遣いが知性を作っていく。表現に見合った内容を見つけていこうとするからだ。特に口癖は、意識せずに、子どもに対し、また親同士で、日常の中で口にしている。口癖が知的ならば、そこに知性が現れる。知的でなければ、知性の欠如が現れる。または、子どものやる気をそぐ口癖をいってしまったり、親が子どものやる気を出そうとして、かえって子どもの知性ややる気を奪ってしまう場合もある。

**設問4**　課題文の筆者は、「知的な言葉遣いをすれば、その人は知的になる。言葉が知性を作る」と主張している。では、この主張は正しいのだろうか。

確かに、知性のない人が知的に見せようとして表面だけ知的な言葉遣いを真似て、かえってボロが出てしまったという例は少なくない。意味もわからず、難しい言葉を使っても、人から見たら滑稽なだけだろう。「難しい言葉を使えば知的に見える」というのは、ただの勘違いだ。しかし、そうした付け焼き刃ではなく、家庭などで日常的に知的な言葉遣いに触れることは、知性を身につけるためには必要なことだ。

人間は、言葉を使って物事を考える。言葉は、単にメッセージを伝える道具なのではなく、自分の考えを組み立て、整理し、表現するためのものだ。言葉を知らなければ、そもそも考えることができない。そして、知的な言葉遣いを知らない人は、知的に考えることができない。知的な言葉遣いには、物事を知的に考えるための手順が反映している。子どもは、そうした言葉遣いに触れることで、知的な思考の習慣、やり方をおのずと身につけていく。そして、知的な言葉遣いが身について、初めて物事を論理的に眺め、思考することができるようになるのだ。

以上のように、私は「知的な言葉遣いをすれば、その人は知的になる」という筆者の主張は正しいと思う。言葉が知性を作るのである。

PART 6

課題文がエッセイの問題

# メッセージを読み取り、テーマを見つける

**この課題文を読み、あなたが日本の状況と比較しながら思ったことを六〇〇字程度で書きなさい。**

**課題文**　イタリアでの信じすぎた列車

ヨーロッパの列車にアナウンスがほとんどないことは、ご存知の方も多いだろう。

日本では、列車が近づくと、「列車が近づきますので、白線の後ろに」とはじまる。列車がホームに入ってくると、大きな音がする。「降りる方から」というようなアナウンスがひとしきりあって、発車ベル。乗ったら乗ったで、「次の停車駅は……」は「出口は右側です」「お忘れ物のないように」「携帯電話のご使用は」といったアナウンスがある。特急列車に乗ると、「この列車が停車するのは……。到着時刻は……」、到着駅に近づくと、「あと三分ほどで〇〇駅に到着します。お忘れ物のないように」といったアナウンスが響く。

が、ヨーロッパの列車では、そのようなアナウンスはあまり期待できない。最近は、アナウンスのある列車もあるようだが、それでも日本の比ではない。

たとえば、パリの地下鉄は、何の音もなくホームに入ってくる。アナウンスは一切ない。ピーという電子音で発車する。列車内でも、終点だということを伝える以外のアナウンスは原則としてない。私が聞いたアナウンスは、「今から、時限ストに突入するので、列車は停止する」というアナウンスと、「車両故障で、しばらく動かない」というふたつだった。

目のつけドコロはココだ！

日本の列車アナウンスの状況

ヨーロッパの列車アナウンスの状況

比べるとどんなことが言えるか考えてみよう

事情は国際列車や特急列車でも変わらない。

次の停車駅がどこなのか、いつ着くのかもアナウンスがないのがふつうだ。もちろん、定刻に動いていれば、ほとんどの乗客は目的地の到着時刻を知っているので、それでもかまわない。最近では、以前に比べてだいぶ正確になったようだ。だが、かつては、特にスペイン、イタリアなどのラテン系の国は、列車の到着時刻はきわめていい加減だった。

フランスでも、ドイツ、オーストリア方面への国際列車は、ほぼ正確に動いていた。だが、スペイン、イタリア行きは、たとえ始発駅から、出発時刻が二〇分遅れ、というようなことがザラだった。

だから、到着時刻になっても、到着時刻を一時間過ぎても、まだ着かない、というようなことはよくある。それにヨーロッパでは、時刻表を持っている人が少ない。

それなのに、アナウンスがない。突然、目的地に着いて、大慌てで降りる準備をする、というようなことになる。

ヨーロッパでは、よく到着時刻の三〇分も前から大きな鞄《かばん》を持って出口に向かって並びはじめる乗客を見かける。私も初めは、「こちらの人たちは気が早いなあ」と思っていた。だが、違ったようだ。現地の人たちも、いつ着くか不安なのだ。だから、「そろそろかな」という時刻になると、並びはじめるわけだ。一人が並ぶと不安になって、長い行列ができてしまうのだ。

ヨーロッパの映画を見ていて、駅に着くと、立ち上がって外を見ている乗客が描きだされることがある。私はヨーロッパに行く前、どうしてそんな行動をとるのか、不思議に思っていた。

だが、じつはそれも、アナウンスがないせいなのだ。乗客のほとんどは、いったい何駅に着いたのかわからずにいるのだ。だから、立ち上がってきょろきょろと駅名を探しているのだ。（後略）

列車のアナウンス状況に対するヨーロッパの乗客の対応

**日本の列車アナウンス状況に対する日本の乗客の対応を比べるとどんなことが言えるか考えてみよう**

## 攻略のツボ

論説文ではなくエッセイや手紙が課題文の場合、書き手の体験や感じたことを述べているだけで、「私はこう考える」といった目に見えやすい主張はないことが多い。そのため何についてYES・NOを言えばいいかわからず、ただの感想文で終わって大失敗する人も多い。

しかし、どんな文章でも、何かしら伝えたいメッセージが必ずある。まず、それを読み取ることが先決だ。筆者が何を発見し、あるいは思いつき、報告しているのかを考えるとよい。この課題なら、ヨーロッパの列車にアナウンスがほとんどないことで、ヨーロッパの人々も実は困っているという発見を報告している。

自分なりにメッセージを読み取ったら、それをもとに問題提起を作る。具体的には筆者のメッセージから読み取れる問題点について、YES・NOを問うとよい。あとは普通の小論文と同じ。エッセイに対しても、社会一般にまで広げて論を展開できれば、〝受かる小論文〟にできる。

**点とりポイント！**

- **メッセージの背後に隠れているテーマを読み取る**
- **こちらもエッセイになっては×。課題文のメッセージについて、なぜ YES または NO なのか理由を述べる**

## 模範解答

筆者は、駅や列車内で親切なアナウンスがある日本に比べて、ほとんどアナウンスがないヨーロッパの事情を語っている。そして、それはヨーロッパの人にとっても実は困る状況だと述べている。では、そうしたヨーロッパの列車のアナウンスに比べ、日本の列車のアナウンスの方が好ましいのだろうか。

確かに、ヨーロッパの不親切なあり方は、実際ヨーロッパの人にも困る状況だろう。ましてや、時刻表や路線図に不案内な旅行者や、年配の人、子どもにとっては、日本の列車のアナウンスのように親切な案内があれば安心だ。しかし、日本のような親切すぎるアナウンスは考えものだと私は思う。

ヨーロッパの社会がそうであるように、今後は日本でも、自立した個人が重視される社会になっていく。その時、日本の列車のアナウンスのように、至れり尽くせりでは、個人が自分の行動を決定する材料を集めたりする、自立的な自己決定に必要な能力を育んだり発揮したりする機会を奪ってしまう。日本の列車のアナウンスのように、情報を与えすぎるのは、自立した個人として人々を扱うのではなく、いわば保護の対象として一人前扱いしないこと、すなわちパターナリズムに通じるのである。

以上のように考えると、日本の列車のアナウンスより、ヨーロッパの列車のアナウンスの方が好ましい。

# 巨視的にながめる

図表やグラフのある問題

次の資料（図1、図2）は内閣府が少子化問題に関する基本知識、関連施策の在り方等について、有識者の意見を聴取することを目的として、平成十五年に実施した「少子化社会対策の在り方に関する有識者アンケート調査」から抜粋したものである。少子化の現状に対する考え方と要因についての結果を示している。資料を見て、問1－問2に答えなさい。

**図1　少子化の現状に対する考え方**
n＝603

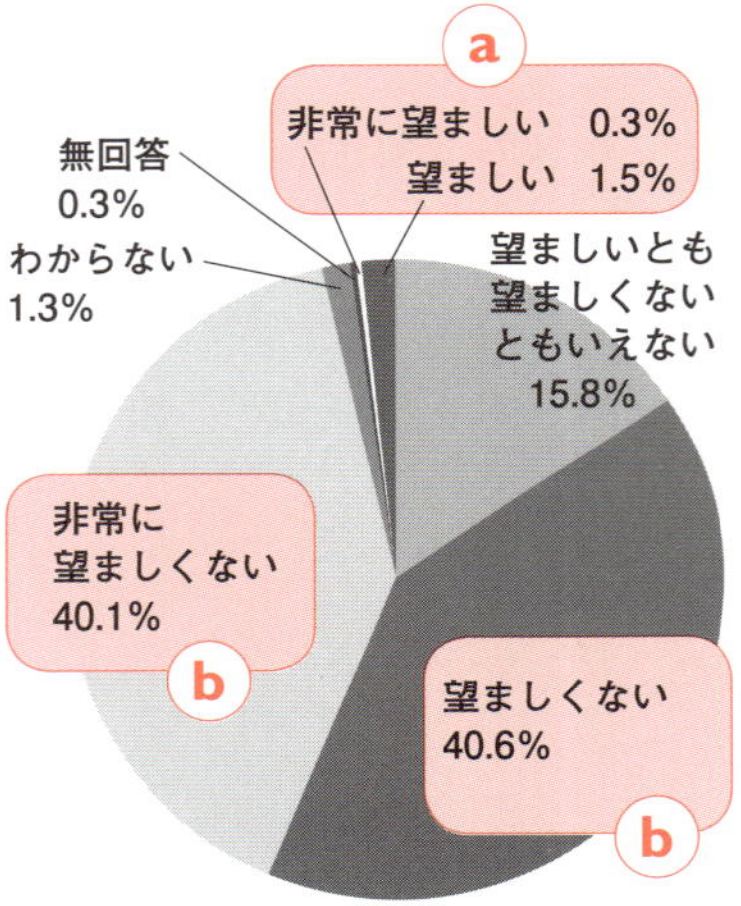


大ざっぱに望ましいⓐと望ましくないⓑに分けてみる

目のつけドコロはココだ！

図2　少子化の要因

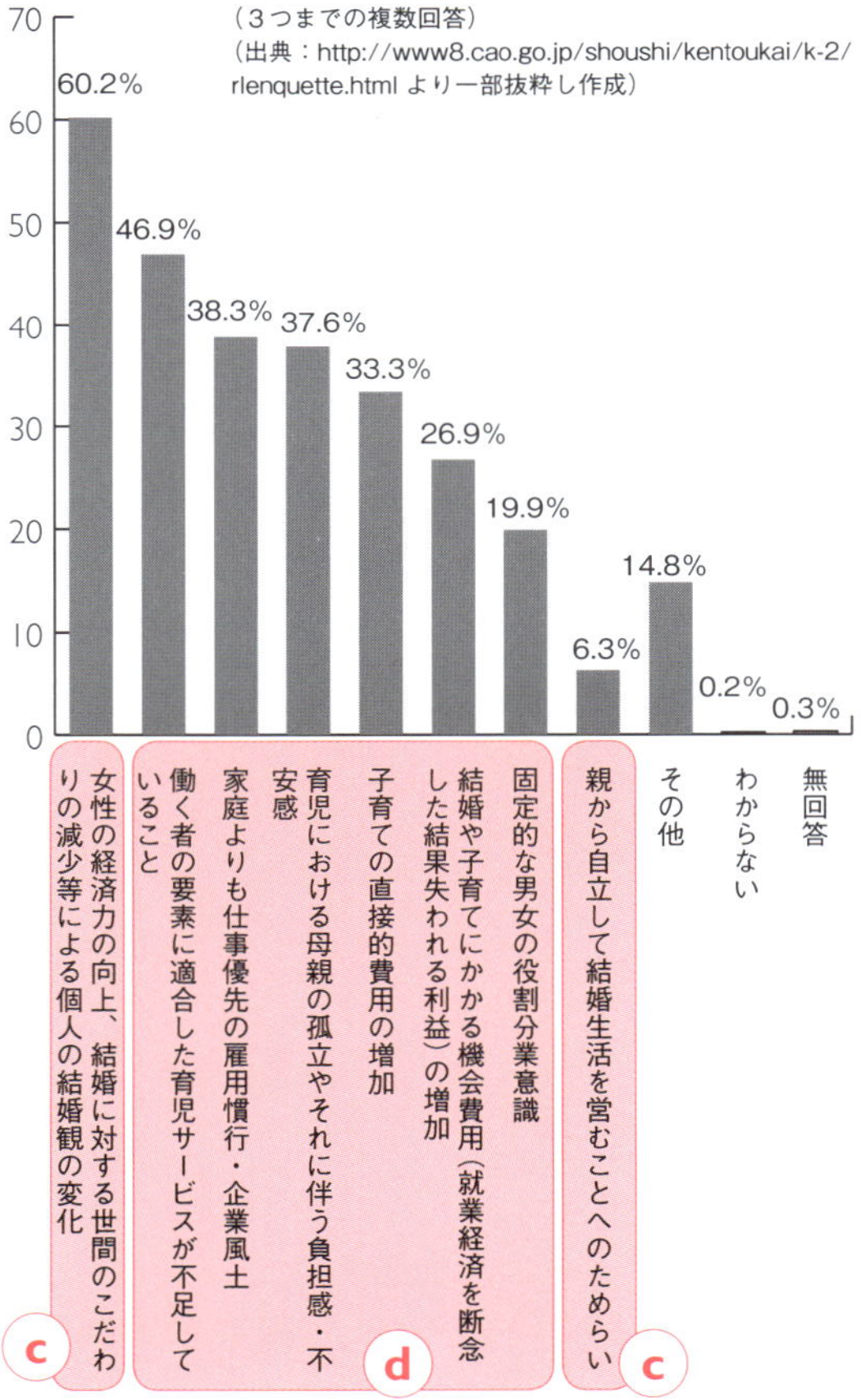

（3つまでの複数回答）
（出典：http://www8.cao.go.jp/shoushi/kentoukai/k-2/rlenquette.html より一部抜粋し作成）

**問1**　少子化の現状に対する考え方が図1に示されています。非常に望ましいから非常に望ましくないまでの五段階の考え方の中から、あなたはどの立場の意見に賛同しますか。賛同する意見について、その理由を六〇字以内（句読点を含む）で述べなさい。

**問2**　少子化の流れを変えるにはどうすればよいと思いますか。図1、図2を参考にして三〇〇字以内（句読点を含む）であなたの意見を述べなさい。

大ざっぱに個人の事情 c と
社会制度の問題 d に分けてみる

図1と図2を巨視的（大ざっぱ）にながめてみる。
それぞれから読み取れたメッセージをあわせて考えると、どんな主張が読み取れるだろうか

## 攻略のツボ

表やグラフが出され、そこから読み取れる事柄について述べさせる出題パターンがある。慣れていないと戸惑うが、数学の問題ではないし、表やグラフを読み取るコツさえつかんでおけば大丈夫。

まず頭に入れなければならないのは、図表やグラフにも主張があるということ。漠然と眺めていてはダメだ。主張を読み取るためのコツとは、表やグラフの極端な部分に注目することだ。ほかと比べて、極端に数字が大きかったり小さかったりする、あるいは変化の度合いが激しい部分を探すのだ。逆に数字がまったく変わらない部分、変化の少ない部分があれば、そこにも注目する。この課題の図２場合、いちばん数の多い項目と二番目以下の数字の多い項目を比較してみる。いちばん回答が多い項目は個人の意識、それ以外は社会のシステムの不備と分けることができる。あとは持っている知識と結びつけて、その変化や違いが何を主張しているか考える。

主張がわかれば、それに対して、ＹＥＳかＮＯの問いを立て、あとは普通に論じていけばよい。

**点とりポイント！**

- グラフや表にも主張がある。主張を読み取るには、グラフや表の「大きな変化や違い」に目をつける
- グラフや表の題、作成年度などから何か読み取れないかを考える（200 ～ 400 字程度の短い字数の小論文を書く場合）
- 対策を訊かれている場合には、ズバリ最初に対策を示し、それに対してＹＥＳ・ＮＯと同じやり方で検証していく書き方にするとよい。

## 模範解答

問1

「望ましくない」

世界的な人口増加を考えるとよい面もあるが、わが国の高齢社会を考えると就労人口の減少や税収の減少という点で望ましくない。

※設問の意図

自分なりの理由を考えさせる設問（データにない部分を補うつもりで）

問2

少子化の流れを変えるには、私は社会システムの整備が必要と考える。

確かに、個人の意識を変えていくという手もある。図2でも、少子化の要因として最も多い解答は個人の価値観の変化だ。しかし、図1を見ると、多くの人が少子化は望ましくないと考えており、意識の上では危機感は抱いていることが分かる。さらに図2では、他の数字の多い項目は、ほとんどが社会システムや社会の風潮の欠陥を挙げている。それらから、個人の意識を変えるよりも、社会の側を変える必要が大きいと思われる。したがって、例えば、共働き家庭のための育児サービスの充実や育児休暇の確保、育児に対する社会保障の整備などが必要だと、私は考える。

PART 6

# 絵や写真に潜んでいるテーマを探る

## 絵や写真を見て答える問題

この写真を見て、感じたこと、考えたことを八〇〇字以内で自由に書きなさい。

1 ボロボロのバス

2 自然の中（※スクラップ工場ではない）

1 と 2 の状況をあわせて考えると、何が読み取れるだろうか

目のつけドコロはココだ！

## 攻略のツボ

一枚の絵や写真を示して、「この絵（写真）を見て考えられることを述べよ」などの問題が出されることがある。詩や格言、漫画などもこのタイプに入る。いままでは写真や絵を見ても、好きか嫌いか、上手か下手か、ぐらいしか考えてこなかったろう。だからこそ注意が必要だ。作文や感想文タイプの失敗へまっしぐら、ということになりかねない。芸術系の大学の場合は、鑑賞眼をみるために、作文やエッセイを求められることもあるが、多くの大学では、小論

文として書く必要がある。こうした問題からもやはり、求められるのは「小論文の力」だ。「自らテーマを探りだし、論理的に考察する力」のことだ。

大切なのは、どうやってテーマを探りだすか。まずは示された絵や写真が何を象徴しているかをじっくり考えてみることだ。

たとえば、右ページのような写真が出た場合、どうなるだろう。いろいろな解釈ができるが、ごみの不法投棄や環境問題、ゴーストタウン化した街と過疎化、などがあげられる。小論文の課題なので、写真から感じたことが身近なことだけでなく、社会問題や文化、または自分の学部に関連する問題に結びつかないか考えること。そこから問題提起ができる。

あとは、いままで練習してきた小論文の型を同じように書き進めればいい。課題文のように、明確なテーマがないので、テーマのとらえ方にはある程度の幅がある。どのようなテーマが読み取れるかを示して、きちんと小論文として完成していれば、合格レベルはクリアできる。むしろ恐れる必要はない。

### 写真のテーマ分析

この写真には、さびたバスが自然の中で放置されている様子が描かれている。これには、様々なアプローチができる。単に、昔の町が、今ではゴーストタウンになってしまったことを描いているとも解釈できる。あるいは、古びたバスが過去を回想している物語として捉えることもできるだろう。もしかすると、このバスは、打ち捨てられながら、過去を懐かしみ、自分が運んだ乗客たちを思い出しているのかもしれない。そのような想像をすることもできる。そのように考えると、これは作文・エッセイとして書くことができる。

あるいは、ここから、ゴミを放置して自然を汚していることに対する警告を読み取ることもできる。また、朽ちていく科学技術の象徴としてバスを捉えることもできる。そのように捉えると、これを小論文として書くこともできる。そうすれば、小論文の「型」を応用することもできる。

ここでは、小論文としての解答と、参考までに作文・エッセイとしての解答を示しておく。

## 模範解答

### 小論文の場合（八〇〇字以内）

　さびたバスが自然の中で放置されている。このまま放置されると、自然を汚すことだろう。ペンキが雨に溶け有害物質を出すかもしれない。また、自然の様子をバスが変えて、小さな生態系が変わるかもしれない。このバスだけで自然が変わるとは考えられないが、これと同じように世界中のあちこちにゴミが放置されると、自然破壊につながるはずである。この写真は、このような状況に警告を与えていると、私は考える。

　このようなゴミを集めて、まだ使えるものをリサイクルしても、お金がかかるのだろう。だから、多くの人が自然の中に放置する。現在、日本では電化製品などをゴミに出すと、お金をとられる。捨てるのにお金をとられるのはもったいないと考えて、つい、山に捨てたりする。だが、このような行為が重なって、自然破壊がおこなわれているのだ。このようなことのないようにする必要がある。

　このようなゴミをなくすためには、もっとリサイクルを盛んにする必要がある。そして、リサイクルをするほうがお金がかからないようにするべきだ。そうでないと、多くの人がこっそりゴミを捨てるだろう。そして、ゴミを捨てる人を厳しく取り締まって、高い罰金を取るべきだ。そうすることで、まず地球をきれいにできる。そして、そうなれば、多くの人が今のような使い捨てを見直すようになるだろう。次々と新しいものを買って、古いものを捨てるのではなく、物を大事にするようになるはずだ。この写真のバスも、捨てる前に、エンジンなどの大事な部分は新しいバスに取り付けることもできるはずだ。また、バスの座席を子どもの遊び場にして再利用できるだろう。

　リサイクルなどをさかんにして、放置されたバスなどのゴミを世界中からなくしてこそ、地球はきれいになり、資源を大事にするようになると、私は写真を見て考えた。

## 模範解答

### 作文・エッセイの場合（八〇〇字以内）

「そこのお人、ちょっとゆっくりして行かんかね」

　私が野原を歩いていると、声が聞こえてきた。周りに人はいない。あるのは、壊れて放置されたバスだけだ。気のせいかと思った。だが、間違いなく聞こえる。

「昔、わしにはたくさんの子どもたちが乗ってくれていたものじゃ」

　話しているのはバスだった。おじいさんのような声だった。バスの声は続いた。

「わしは、路線バスとしてずっと働いて、老後、スクールバスになったのじゃよ。あのころは楽しかったのう。元気な子どもたちがわしに乗るのを楽しみにしてくれたよ。じゃが、町の有力者たちが言い始めたのじゃ。わしは旧型なので、時代遅れだ、ほかの町にこんな古臭いバスは走っておらん、もっと新しいバスに変えよう……とな。悲しかったのう」

「だから、ここに捨てられたんですか？」

「いや、わしが壊されそうになったとき、運転手のボブが、わしをここに連れてきてくれたんじゃよ。子どもたちはここまでやってきてわしに乗って遊んでくれた。じゃが、歳には勝てなくてのう、ついに子どもたちを乗せられなくなったんじゃよ」

　そして、バスは言った。

「そうだ、お前さん、最後にわしに乗ってくれんか。そして、お前さんの持っているカメラで、わしを最後に写してくれんか。もう、わしの命も少なかろう。最後の記念に写真を撮って、よかったら運転手のボブに届けてくれ。そして、死んだわしを弔ってくれ」

　私はバスに乗った。そして、言われたままに写真を撮った。撮り終わった後、声をかけてみたが、二度とバスの声は聞こえなかった。

さらに得点をのばすための

# 学部系統別 ワンポイントアドバイス

## 経済・経営・商系

グローバル社会、国際貢献、少子高齢化、競争社会などについて出題されることが多い。また、異文化理解や南北問題、国際援助などの問題が問われることも多い。日本をどのようにして豊かな社会にするか、世界とどのように平和で豊かな世界を築くことができるかといったことが、これらの学部の中心的テーマだ。だから、「経済的な豊かさは必要ない。心の豊かさが大事だ」というふうに決めつけてはいけない。だが、かといって、心の豊かさを無視するような文章も書くべきではない。経済的に豊かになってこそ、人間性も豊かになるというのが、これらの学部の基本思想だ。

# PART 7

## たとえ１点でも確実にプラスする上級勉強法

小論文を書く力を少しでも引き上げるために、回り道している暇はない。でも「たくさん書く時間がない」と嘆くにはまだ早い。量を書く以外にも、力をつける方法はある。PART2 ～ 6 を暗記するほど読んで基礎力をつけたら、最小の努力で１点でも点数を上げる勉強を！

# 同じ問題をＹＥＳ・ＮＯで書き分けてみる

ぜひ挑戦してもらいたい勉強法がある。同じ問題の小論文を、何パターンも書いてみることだ。

一見簡単でバカらしく思えるかもしれないが、ちゃんとやろうとすると意外に難しいことがわかる。しかし、次から次へと新しい問題を書いて時間を使うよりも、効果的に考える力を深めるのに非常に役に立つのだ。

たとえば現代文の勉強をするとき、すでに答えを知っている問題を何度も解いたところで、得られるものはほとんどないだろう。

だが小論文の場合、他の受験科目と違って、解答が一つではない。

一つの問題について〝受かる小論文〟はあっても、「こう書かなければ合格しない」ということはない。そこで一つの問題について、いろいろな〝受かる小論文〟を書いてみるほうが、むしろ力をつけやすい。

それぞれについてＹＥＳ・ＮＯどちらの立場に立つの

同じ問題を YES・NO 両方の立場で書き分ける

かでも、書く内容は違ってくる。ある問題を複数の視点から考える訓練になり、アイデアメモを書くスピードが上がっていくだろう。

また、同じYESでも、説得材料に使うネタを変えてみれば、できあがる小論文は違ってくる。

字数を変えてみるのもいい訓練になる。六〇〇字と一〇〇〇字では、必要となるネタの数や量も変わってくる。

そうして、さまざまな角度からアイデアを出して、何種類ものパターンを書いてみる。

一度その経験をすると、ほかのテーマについても、自然に広く深く見つめ、考えるようになっていくだろう。

同じ本を繰り返し読むと、最初は気づかなかった作者の意図があれこれ見えてくるもの。同じ問題に繰り返し挑むのには、これと同じような効果があるのだ。

**点とりポイント!**

- 同じ問題をいくつも書くことで、より深みのある小論文が書けるようになる
- ① YES と NO の両方、②同じ YES でも書く材料を変えてみる、③文字数を変えてみる
まずこの書き分けにチャレンジしてみる
- 一度やってみると、問題を広く、深く見つめ、考える回路ができあがる

# 自分が書くペースを知って時間対策を

ひとつの小論文を書きあげるのに、君はどのぐらいの時間がかかっているだろう。テーマによって偏りもあるだろうから、平均的な計算でよいが、知っておくことはとても大切だ。ほかの教科なら「わからない問題は後回しにして、できる問題から解く」「わからない問題は捨てる」というのは試験テクニックの王道だ。ところが小論文では、この鉄則が当てはまらない。最初にアイデア出しを行い、次に構成のメモを書き、これをもとに原稿用紙に書くという順番を追っていくしかない。結論に至る前に時間切れ、または、文字数が規定の量まで達しない、など尻切れトンボになっては、受かる答案にはならない。

たっぷり時間をかけてアイデアを出す訓練をして、ある程度の小論文の力がついたら、時間のペース配分を意識した練習に取り組もう。まず、自分の書くペースがどれぐらいかを把握する。構成のメモができてから実際に

“書くペース”を知って、アイデア出しに時間をかけよう

原稿化するのにかかる時間は、人によってかなり異なる。そこで構成のメモを見ながら書く場合、四〇〇字なら何分、八〇〇字なら何分かかるかを計っておく。

　これをもとに、小論文を書く際の時間の割り振りができる。制限時間六〇分で四〇〇字を書くのに三〇分かかる人なら、アイデアメモと構成、最後の見直しに合計三〇分かけられる。練習のときから、そんなペース配分を考えながら書くようにする。何度も行って時間の感覚がつかめてくれば、「早く構成メモに移らなければならないのではないか」などとあせることもなくなる。時間をフル活用して、課題に取り組めるはずだ。

　また、割り振りの時間内で書き上げられなかったとき、どうして時間がかかるのかと考えるようになり、小論文を書く過程の、どこが自分の弱点かも把握できるようになる。時間を意識することで、書く練習や工夫が効率的にできるというオマケもついてくるのだ。


**点とりポイント！**

- **練習のときから、ペース配分を考えながら書くようにする**
- **時間を意識するのは、練習後半の課題。最初のうちは、時間にこだわらずアイデア出しをしっかりする**
- **構成メモから原稿化するのにかかる時間を、400字なら何分、800字なら何分、と計っておく**
- **制限時間60分で400字を書くのに30分かかるなら、アイデアメモと構成、最後の見直しに合計30分かけられる**

# 添削を受け、「ひとりよがり」な小論文から抜け出す

自分で書いた文章は、欠点がわかりにくい。論理が途中からずれていても、なかなか自分では気がつかないことさえある。また、書いたものが鋭いのか、ありふれているのか、あるいは非常識なのか判断しにくい。鋭いつもりで書いたら、ありふれていて低い評価だったり、逆に、個性的にしようと独創的なことを書いたつもりが、あまりにとっぴで非常識になっていたり。それ以前に、自分の意図と違って読まれてしまうことさえある。いくら論理的に書く練習をしたとしても、どのくらいの力があるのか、自分では測りにくい。

まずは、日をおいて見返して、書き直してみることだ。時間をおいて見直すと、非常に陳腐な内容だったということもある。問題提起があやふやだったり、論旨がひとりよがりで説得力が欠けていたりすることも多い。そんな部分に、自分で突っ込みを入れてみよう。次第に自分の文章を客観的に見られるようになり、ひとりよが

添削を受けて自分の欠点を知ろう

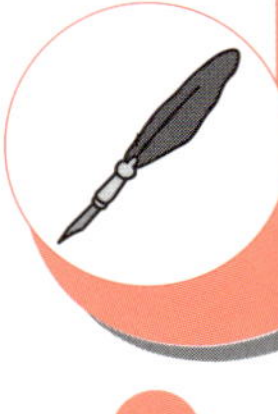

りな文章が減っていく。

しかし、いちばんのお勧めは、添削を受けることだ。どのくらい説得力があるのか、小論文として合格レベルなのか、どこに欠点があり、どこを改めればよくなるのか、誰かに見てもらうことだ。私としては、私が塾長をしている小論文専門の通信添削塾・白藍塾を勧める。専門のスタッフが受講生一人ひとりの志望に応じてきめ細かい添削を行う。しかも担任制で指導する受講生のクセやつまずきを継続的にみることができる。設立からおよそ二〇年、これまで数多くの全国受講生を志望校に導いてきた（以下のホームページで添削例や教材見本も公開している。ぜひご覧いただきたい。www.hakuranjuku.co.jp）。もちろん、他の通信添削塾や予備校・塾、学校の先生などで頼れる人がいたら、その人に添削をお願いしてみるとよいだろう。

ただし、国語の先生にお願いする場合には、人選に注意しよう。一昔前に比べるとだいぶ減ったが、国語の先生の中には、あいかわらず小論文と作文をごっちゃにして、誤字や表現にばかり注意を向ける人がいる。肝心の論理性や内容の説得力については何も指導しない。言葉の使い方や文章表現ばかりのコメントを書く先生の添削では合格の力をつけることはできない。早めに見限って、他の頼れる人を探すようにしよう。

PART 7

点とりポイント！

- 添削を受け、「ひとりよがり」な文章から卒業しよう
- 小論文と作文の違いを理解している先生に、合格できるレベルかどうかの添削をお願いしよう

# 模試は「結果」より「模範解答」を次に活かす

小論文の模試の結果を見て、一喜一憂している人もいるかもしれない。大手予備校や出版社などが行う模試は、受験に慣れたり、自分の今いる位置を知ったりするのには貴重な存在だ。

だが、その結果に一喜一憂する必要はない。模試のように大量の受験生が書いた小論文に、採点者はきめ細かい添削や講評を行わない。学生アルバイトが、マニュアルに基づいて、機械的に採点していることも多いのだ。参考になるのは、せいぜい誤字・脱字の指摘だけという場合もある。

それより注目したいのは、「解説」や「模範解答」だ。

もちろん、模試の解説や模範解答にも、かなりレベルの低いものもあるが、それでも、当然、合格レベルの文章にはなっている。その合格レベルの解答と自分の小論文を比べて読むことで、自分の小論文のアラを見つけやすい。解説を読んで、模範解答と自分の答案と、どこが違うかを見比べる。そのときはおもしろいと思ったアイデアがとるに足らないものに見えてきたり、課題文のテーマのとらえ方がまずかったことに気づいたりするはずだ。そうして自分の書いた小論文を反省することこそ、模試を受ける真の意義といえよう。

ただし模範解答を見て、これと同じような小論文を目指そうと思うのはやめたほうがいい。模範解答は、受験生が書くものとしては非常にレベルが高い。これが合格レベルの小論文だと思うとあせってしまうし、へたに背伸びをして、わかりにくい小論文を目指すはめにもなりかねない。

模範解答はあくまで参考程度と考えて、自分なりのレベルアップを目指すことだ。同じことは、通信添削での勉強にも言える。小論文の通信添削を始めるときは、できるだけ解説や質問への回答がていねいなところを選ぶようにしたい。

PART 7

点とりポイント!

- 模試は「赤ペンの書き込み内容」より、「解説・模範解答」に注目
- 模試の模範解答は知識ネタと割り切る。書き方の見本にはならない

# 2冊の本から志望学部関連の知識を仕入れる

志望する大学・学部によって、出題されるテーマはある程度予測できる。

たとえば医学系なら、クローンや医療過誤の問題、経済系ならグローバル社会や不良債権問題、社会系なら環境問題や福祉問題などが考えられる。赤本などで過去にどのような問題が出題されたかを見れば、よりはっきりわかるはずだ。志望学部に関する知識をまったく知らずにいると、設問がその分野に関する専門的知識を問うものだった場合、お手上げ状態になってしまう。基本知識を得るために、どんなに本嫌いの人でも、受験までに志望学部に関係する本を読んでおきたい。

しかし、読書量の多い少ないが、そのまま小論文の出来不出来につながるわけではないので、最低二冊でよい（一冊では、論旨に偏りがでる可能性もある）。できればそのどちらかは、学者が書いたような少し硬めの本だとなおよい。そういった本は、構成や表現といい内容と

読書は柔らかめと硬めの本の２本立てで

いい、参考にするところが多いものだ。また、ふだんから硬めの本に慣れておけば、課題文が難解な文章でも恐れる必要がなくなる。

軽く書かれたエッセイなどでも、そこにはなにかしら作者の主張は込められている。作者がどのような論理を用いて、読み手を説得させようとしているかを見るだけでも、ずいぶん参考になる。

本になじみのない人は本を読んでもなかなか内容が頭に入ってこないかもしれない。この二冊だけはがんばって、頭に入るまで何度も繰り返し読む。途中でわからなくなったら、また最初に戻ってもいい。最初にざっと目を通してから、あらためて読み返すのもありだ。

時間はかかるが、一冊だけならできるはずだ。そして、その中からおもしろそうな部分を、小論文のネタとして利用しよう。ノートに書き写して、練習のときに、実際にその表現を使ってみるといい。何度も使ってみて、はじめて本番でも使えるようになるのだ。



**点とりポイント!**

- **本の内容が頭に入らない人ほど、2冊の本を何度も繰り返し読むといい。読解力を養成し、長い文章に対する抵抗感をなくす**
- **基礎知識や知的な表現など、使えそうな箇所をノートに書き写して、ふだんから練習で使っておく**

# 新聞の「投書欄」を題材に反論を試みよ

「新聞一面のコラムぐらい読んでおけ」。受験小論文対策として、学校の先生にいわれていないだろうか。朝日新聞の「天声人語」はその代表格で、実際に小論文の問題に使われる頻度も高い。

だが、これは受験生の小論文対策としては、遠回りの選択になる。「天声人語」などのコラムはいわば新聞の〝顔〟であり、新聞社の中でもとくに文章力の優れた人が隠喩法や倒置法などの高度な文章テクニックを駆使して書いていて、レベルが高すぎる。

そして、いちばんの問題は「天声人語」はエッセイだから、論理的に書かれていないことが多いということ。ＹＥＳかＮＯか断定せずに、「〜だろうか」と疑問を投げるかたちで終わる場合がほとんどだ。

同じ新聞を使うなら、「投書欄」がいい。「投書欄」には、読者が日ごろ考えていることや、最近の事件についての意見が述べられている。素人が書いたものだか

新聞は「投書欄」が役に立つ

ら、ときに文章や構成に甘さがある。内容も感情的だったり見方が偏っていたりと、小論文としては欠陥のあるものが多い。そうした投書を反面教師にして、合格小論文の書き方を考えてみる。これが小論文の力をつけるうえで、とてもよい訓練になる。

陥りがちな結論、よく見かける正論に、どんな反論ができるかを考える。構成力が弱く、何を言っているのかわからない投書を見たら、わかりやすいように書き換える。たんなる感想文に終わっている投書をYES・NOをはっきりさせた小論文に書き換える。もともとの素材があるだけに、普通に小論文を書くよりもやりやすいはずだ。

すぐ手に入り、時間がかからないわりに効果が高い方法なので、ぜひチャレンジしてみよう。



**点とりポイント!**

**新聞の投書を自分なりにケチをつけてみるのは、小論文の力をつける恰好のトレーニングになる。**
**反論を考える、構成し直してみる、YES・NOをはっきりさせる、など**

# 過去問の課題文は小論文のネタの宝庫だ

たくさん書くことでもちろん小論文を力はついていくが、書かなくても小論文の勉強はできる。小論文の課題文や解説を分析することは、その方法の一つだ。

一番効率のよい教材は、大学の過去の入試問題を集めた「課題文集」だろう。これは小論文のネタの宝庫なのだ。

課題文は、その学科と関係のある分野に関するものが多い。しかもたいていは出題者が、「いいことを言っている」と思った文章だから、大学の好みに合った内容と言える。何年分か分析すれば、その傾向が自然とつかめるようになるだろう。ネタとして覚えておいて損はない。

課題文は、まず構成を「四部構成」によって分析してみる。そして、この設問の着眼点はどこにあったのか、論旨にしている材料は何かを抜き出して、そのテーマに対する自分の知識ネタに加えよう。

学科に関連する知識を得ながら、「おもしろいな、そんな考えがあったのか」「なるほどそうだったのか」と思うところがあったら、その部分をどしどし利用して、自分の知識を増やすべきだ。模範解答として記載されている文章を同じようにネタにできる。

ただここで注意したいのは、模範解答だ。受験生が書けるような文章になっていない場合が多い。多くは大学院生や予備校講師、時には大学講師がアルバイトで書いたもので、自分の能力を見せようとして専門的なことを書いているものも見受けられる。

だから、模範解答どおりに書こうとしないことだ。過去問の模範解答は、あくまで知識ネタを得るための参考資料と思うほうが得策だ。

PART 7

**点とりポイント！**

- 過去問の課題文は、小論文のネタとして利用する
- 課題文からは、大学の好みに合ったその学科に必要な知識も得られる
- 構成を分析したり、テーマに対するアイデアのストックを増やしたり、書く目で読む

# 論理的にNOを話すクセが小論文のトレーニングになる

　机に向かわなくても、小論文の力はつけられる。相手さえいればどこででもでき、客観的な結果が得られる、「人と話す機会」を活用するのだ。論理を使って相手を説得することが小論文で、それを話すことで日ごろから磨くのだ。

　たとえば誰かとニュースを見ていて、その事件について何か言ったとき、その意見に反論してみる。その意見を〝問題提起〟として、それに対してＮＯを言うわけだ。小論文で高得点をとるには、ある意味で常識や権威に対してＮＯを言うことも重要だ。ありきたりの意見を述べたところで点数はとれない。より高い点数をとるためには、人が言わないような意見を示して、「おっ」と思わせることが大切なのだ。会話なら、その反応をダイレクトに知ることができる。

　あまりやると「いちいちつっかかるイヤな奴」と思われるかもしれないので、小論文の練習と断って受け入れ

てもらえる相手、状況、場所は選ぼう。

このとき、ぜひ実行してほしいのは、「樋口式四部構成」に基づいた思考で論を進めるということだ。「樋口式四部構成」は、思考パターンに置き換えると以下のようになる。「〜だろうか」「確かに〜だ。しかし……」「なぜなら〜だからだ」「したがって〜だ」。この四部構成を使って説得することで、実際に小論文を書く際にもスムーズに論理展開できるようにする。NOの理由を論理的に述べて、「だから、いまの意見はおかしい」などと結論づけてしまう。

テレビや新聞に出てくる識者の意見も、恰好のターゲットだ。小論文で高得点をあげようと思ったら、人の意見に素直にうなずいているだけではダメ。どんなにエラい人、人気のある人でも、必ず反論する余地はある。そこを目ざとく見つけることから始めよう。



点とりポイント!

- 親や友だちを「樋口式四部構成」で説得するのは、小論文に効くトレーニング
- 友だちのいない人は、新聞やテレビの識者の意見にNOと言ってみる

さらに得点をのばすための

## 学部系統別 ワンポイントアドバイス

### 医療・福祉系

これらの学部の小論文試験は、何よりも医療や福祉に携わるにふさわしい人物かどうかを見ることに重点を置いている。

そのためには、論理性・科学性（感情的にならず、常に冷静で科学的・論理的に思考できる能力）、やさしさ（弱者に対してやさしさを持つ性格）、教養（幅広い考えを持ち、他人を理解し、患者の苦しみを理解する能力）を示す必要がある。

また、医療に関する問題が出たら、患者本位の立場を示すべきだ。ただし、時々医療系学部・学科では、文学部のような問題が出ることがある。これは教養を見ようとしているわけだ。だから、これをむりやり医療の問題にこじつけると、むしろ教養のなさを印象付けてしまう。

# 特別付録

試験直前に即効！

## これだけやればいい
## 最強テクニック

最後の最後に、もう一歩合格に近付くためのアドバイスをしよう。ただ、ここで示すのは、高尚なテクニックや大胆な出題予想ではない。些細なことに関するアドバイスだ。ちょっとしたミス、わずかな不注意が勝負の分かれ目になる。想定できる些細な点に目配りをして、予防線を張っておくことは「間違いなく合格小論文を書く」ためには絶対にやっておかなくてはならないことだ。

# あなたの小論文の欠点を克服する即効テク編

まずは、型・表記など基本事項に関することだ。今ひとつ力が伸びない人は、たいてい基本の型に対する理解が不十分の場合が多い。書き上げるまでに時間のかかる人は、表記についての些細な疑問を解消していない場合が多く、そのため内容以前の表記のことで鉛筆がスラスラと進まない。これらの迷いを吹っ切ることで、キミの小論文の点数は今よりも確実に点数アップするに違いない。本文で触れた内容も若干含まれるが、とくに受験生からよく訊かれる質問をQ&A方式で紹介しよう。

## 型のコツ

**Q「結論がすっきりまとまりません」**

**A** 「結論」は「問題提起」に対応して、よけいなことはつけ加えずに「YESかNOか」をはっきり述べればよい。したがって、すっきりまとめるには、「問題提起」を「YESかNOか」で答えられるかたちでしっかり立ててやることが先決だ。次に大事なのは「意見提示」で自分の論の立場と方向性を定めることだ。そうすれば、「展開」で論がふらつき、「結論」にまですんなりゆき着かなくなる危険性をかなり減らすことができる。

**Q「『意見提示』と『展開』とではどう内容の区別をつけ、またどうつなげてゆけばよいのですか?」**

**A** 「意見提示」ではテーマとなっている事柄を比較的浅いレベルで観察し、吟味する。主に現象面を扱うのがよい。ここでは予想される反対意見に目配せしておき、それから切り返し、自分の意見を述べ、「結論」に至る自分の論の立場と方向性を打ち出すところまでやっておく。そうすれば、あとは、よけいなことに目移りせずに、論の焦点をしぼることができる。次の「展開」では深いレベルにまで踏み込んで、先に述べた自分の意見の裏付けを、論拠として示す。ここでは単に具体例を論拠として挙げるだけでは不十分だ。抽象化して掘り下げてやることが望ましい。

「意見提示」と「展開」のつなぎ目、つまり「展開」の最初の段落には、特に接続詞を使う必要はない。つなぎの言葉を何か入れたいのであれば、「その背景には……」など、前段の「意見」を受ける指示代名詞から始まる書き出しのパターンにすればよいだろう。内容のレベルの深さに差があるわけだから、ある程度段差があってもよい。ただし論点までずれてしまわないように注意しよう。

**Q 「制限字数が四〇〇字と短い場合でも『型』は使えるのでしょうか。四段落にするのは難しいように思うのですが」**

**A** 使える。四段落にしなくても四部構成にはできる。三段落にしてみよう。全体を切り詰め、「意見提示」の後半に「展開」の内容も盛り込んでしまうとできる。二段落にもできる。その場合は、「意見提示」の切り返し（「しかし」）の前後で段落分けをするのが無難だ。

**Q 「小論文の『型』の四部構成と『起承転結』とは違うのですか?」**

**A** 違う。「起承転結」はもともと漢詩、特に絶句の作法である。「転」においてものの視座を転換することで文学的効果を狙うもので、エッセイならば応用できるが、論証を旨とする小論文には、その「転」がネックとなり、論点のズレやすり替えが起きやすくなる。一方、「型」の四部構成は、ヨーロッパの伝統的なレトリックの五部構成、すなわち「序言、陳述、論証、反論、結論」（ちなみに現在の日本の裁判もおおむねこの順序に沿って行われている）を基に、私（樋口裕一）が、現代の小論文向けに練り上げ、確立したものだ。

**Q 「学校の先生に、『YESかNOか』ではダメといわれましたが」**

**A** 小論文とは「YESかNOか」で答えるものだ。そもそもあるテーマについて考えるということは、一つの考え方の妥当性の検証に行き着くもの。「結論」としてはYESかNOかのどちらかになるはずで、そこに至る論理的過程をまとめるものが小論文だ。もちろん論証もせずに単純に「YESかNOか」だけをいうのは文字通り「論外」ではあるが……と、その学校の先生に伝えてほしい。

## 表記のコツ

**Q 「原稿用紙の使い方で特に注意することは何かありますか?」**

**A** 本文で説明したので、一部重複するが、受験生に特に注意してほしい原稿用紙の使い方をいくつか紹介しよう。

・書き出しや、各段落の冒頭では一マス空ける。最近はメール文章の影響で、段落の冒頭に一マス空けない受験生が増えている。原稿用紙の使い方は小学校で習ったときと変わらない。

・行の最初のマスには句読点や閉じかっこをつけず、これらが行の頭にきてしまう時は、前の行の最後のマスの中か下に書く。

・原則として一マスに一字を書く。句読点やかっこも一マス使うこと。「……」や「――」は二マスとる。

・「かっこ」の「っ」や「ヒョウ」の「ョ」など、小文字のかなは一字として数え、行の最初の一マスに書いても構わない。

・句読点と閉じかっこは合わせて一マスに書く。

## Q 「句読点の打ち方が、どうもピンときません」

**A** これは気にしだすとかえっておかしくなる。大部分の人はごく自然にできているもの。それでも気になるという人のために、次のアドバイスをおくる。

◎読点（、）を打つ三つのケース

・文の構成要素（「主部」や「述部」、「修飾部」など）が長くなった場合

・名詞や形容詞を三つ以上列挙する場合

・文の一部を他の部分から特に浮き出させたい場合

◎句点（。）を打つ目安

一文の長さは六〇字前後までを目安にして「。」を打つ。そうすると歯切れの良い、読みやすい文章になる。また、係り結びや主語と述語の食い違いを防ぐことにもつながる。

## Q 「私は字がきたなくて困っています。やはりきれいな字でないと減点されてしまうのでしょうか？」

**A** 小論文を書くのに達筆である必要はない。かといって、読んでもらえないほどでは、いくら内容が良くてもどうにもならないから、乱暴に書きなぐることはせず、下手な字でもていねいに、必ず楷書で書くように心掛けよう。そうすれば、字のきたなさで減点されてしまう心配はない。

ところで最近は、ほとんど筆圧がかかっていないと思われる薄い字で書く受験生が増えている。薄い字はきたない字より読んでもらえない可能性が高い。ＨＢ以上の濃い鉛筆で、はっきり見えるように書くことを心掛けよう。

## 試験本番のピンチを乗り切る即効テク編

続いて、小論文試験本番中に起こりうる「ピンチ」の対応策を伝授しよう。十分な実力をつけても、試験場で心を乱しては合格小論文には至らない。どんなピンチに見舞われても、冷静な気持ちを保てるように、心の準備しておこう。備えあれば憂いなし。多くの受験生の声を参考に、七つの「ピンチ」を想定してみた。その対策とともに紹介する。

**ピンチ1**

「試験開始早々、まわりの受験生がせっせと文章を書き出した。まだ自分は課題文を読んでもいないのに……」

「課題文を読み終わり、さてメモを取ろうかと思ったとき、前の人の答案用紙がチラッとみえた。もう半分以上書いている。まずい！　一目散に書かなくちゃ……」

▲**対策**▼

課題文もろくすっぽ読まず、いきなり原稿用紙に向かっている人を見たら、「これでライバルが一人減った」と、むしろ安心してよいだろう。

どんな課題にせよ、いきなり書いてはいけない。行き当たりばったりで論の筋道がない文章、誰でも思いつく浅い文章になりかねない。他人に惑わされることはない。問題を配られたら、まず課題と設問にさっと目を通し、時間配分を設定する。そして、課題文を読み終わったら、じっくりメモをとる。できるだけたくさんの時間を、メモと構成に費やしてこそいい小論文が書ける。白藍塾では、「下書きは余裕のあるとき以外は必要ない」と教えている。構成をしっかりしておけば、必ずまとまった小論文は書ける。その分、メモに時間を掛け、アイデアを練るほうがよい。

塾の生徒にこんな人がいた。試験が始まっ

たら何よりも先に、「それは何か」、「歴史的経緯」などと「3WHAT・3W・1H」のメモの手掛かりと、「YESの場合」、「NOの場合」というのを、メモ用紙に書いてしまうというのだ。彼はそうすることによって、課題文の読み取りに苦労し、焦りを感じたときも、その手掛かりを見ながらだと、落ち着いて視野を広げたメモが取れるそうだ。舞い上がりやすい人などは、参考にするといいかもしれない。

**ピンチ2**

「自分のストックしている知識では太刀打ちできそうもない……」

▲**対策**▼

まずは、本当に持ちネタは使えないのか、自分の早合点を冷静に疑ってみることだ。

それでもやはり使えそうにないと判断したのならしょうがない。課題の主張を把握したら、なんとか自分の知識を総動員して書くしかない。しかも自分の不得意な分野の問題であったら、高望みはせず、せめて構成のしっかりした文章を書き上げることを念頭におくとよいだろう。何も最高点で合格する必要はない。案外そんな低姿勢が功を奏し、なかなかのものが仕上がることも少なくないようだ。

**ピンチ3**

「書いている途中でいいアイデアが浮かび、書き直そうかどうかと迷い……」

▲**対策**▼

もちろん、書き出す前の「メモづくり」がしっかり行われていれば、こういった心配は少なくて済むはず。しかし、それでも不安になったり、疑問を持ったりすることはあるよ回できないかを考えてみる。だいたい、「展開」の具体例を練り直すことで、切り抜けられるはず。それ以上の色気は、かえって悪い結果につながりかねない。

## ピンチ4

「文章も終わりに近づいた頃、このままでは指定字数に満たないことに気がついた……」

▲対策▼

「〇〇字以内」という場合、八割を埋めれば、字数による減点はまずとられない。八割以下だと減点の対象になる場合がある。半分以下だと0点と思っていいだろう。

「学校の先生に、『最後の行まで必ず書け』と指導されたが……」と質問してくる生徒がたまにいる。しかしこれはまったくナンセンスな話だ。最後の行までびっしり埋めれば得

うだ。

結論からいうと、「一度書き始めたら、書き直しはせず、最初の考え通りに書き進めていけ」、というのが大原則。もし例外があるとしたら、それはよほどいい考えが浮かんだときに限られる。しかも、まだ時間がたっぷり残っていて、メモ、構成を練り直す時間も十分あるという、条件つきの場合のみ。

しかし、結果的には途中で起こった不安に負けて書き直すより、最初の考えを押し通したほうが、はるかにいい小論文を書ける場合が圧倒的に多い。えてして、書き直しを始めてはみたものの、「やはり最初のほうがよかったのでは」と、また不安が付きまとうものだからだ。

だから、途中で、「しまった！」と思っても、あわてて消しゴムを使おうとせず、まずは落ち着いて書いた部分を読み直してみる。そして、これから書こうとしている部分で挽

点アップするなんてことはあり得ない。無理に引きのばし、そのために、意味不明のことや、書かなくていい内容を書いている文章をよく見る。採点する側から見れば、字数かせぎをしているのは一目瞭然。せっかくいい文章を書いているのに、最後の行まで埋めようとがんばったばかりに、全体の構成をぶちこわしてしまってはどうしようもない。それこそ減点の対象とされてしまう。

そんな無駄骨を折ってはいけない。指定内の八割、一〇〇〇字だったら八〇〇字を超えればよい。

字数が八割に足りそうもない場合は、「展開」で用いた具体例を少し長めにするか、具体例をもうひとつ持ってくる。しかしその場合、全体の論旨と矛盾しないように気をつけなくてはいけない。

一心不乱に書き進め、書き終わってから、途中に文章を書き足すために、書いたものまで消して直すようでは、時間的プレッシャーにおそわれる危険がある。そこで、「展開」を書く前に一呼吸おき、「このまま書き進めて字数は足りるのか」を、チェックする習慣をつけておくといいだろう。

### ピンチ5

「最後の見直しで、訂正したい箇所が見つかった。しかし、残り時間はあとわずか……」

### ▲対策▼

基本的に小論文の見直しは、誤字、脱字のチェックのみにしておいたほうがいいだろう。つまり、「内容の見直しはするな」ということだ。消して直している間に時間切れになったのでは元も子もない。また、もっとも怖いのは、内容を訂正したために全体の論旨が崩れてしまう危険があることだ。

「でも、少しでも得点アップにつながるように、鋭いフレーズを盛り込みたい……」

そんな気持ちもわからなくはないが、論旨が通っていることを第一に考え、我慢が必要な場合もある。

どうしてもという場合は、消しゴムを使う前に、どこか一行をいじくってどうにかならないかを、まず考えてほしい。そうすれば、無駄にたくさんの文字を消さずに済む。

また、本当に時間ギリギリで、誤字、脱字に気がついたが消しゴムを使って直す間もない場合は、次のように、訂正記号を使って直す。しかし、これも二か所ぐらいを限度と心してほしい。言うまでもなく、誤字も、脱字も、消して直すのが原則。

◎訂正記号を使って直す場合

①書き直す時間がなければ二重線で消す

②文字をつけ加えるときは へ の記号を使う

③空らんができてしまったら×印をつける

## ピンチ6

「ぶ厚い難しそうな本を試験前に読んでいる受験生がいた……」

▲対策▼

知識をたくさん吸収するのはいいことだが、試験当日に、そうそう詰め込めるものでもない。これは他科目でも同じだろう。まあ、そんな人を見掛けたら、「お守りがわりに持ってきた本を眺めている」か、「自分に自信がないから、まわりの連中にハッタリをかましているだけ」と思ってよい。とにかく、他人のことなど気にするな！　自分のことだけに集中しろ！　と言いたい。

白藍塾の「合格者の声」をみると、こんな報告も随分ある。

「試験場まで知識ネタ集を持ち込み、ラッキーだった。開始直前に読んだネタが、実際の試験で使えた」等々。

だから、知識の詰まった本など持参すること自体を、悪く言うつもりはない。人によっては、試験前にまとまった文章を読むことが、軽いウォーミングアップになるかもしれない。だがその場合には、自分が一度学習したもの、つまり、知識をまとめたノートなり、使用した知識集なりを使うほうが効果がある。一度学んだ内容なら、試験前の多少高ぶった精神状況でも頭に入りやすいからだ。

もちろん、「試験当日は身軽に向かうべし」と決めている人は、その自分流を信じて試験に臨むのがいちばんだ。

**ピンチ7**

「絶体絶命！　もう課題文を読んでいると、書く時間がなくなる……」

**▲対策▼**

文章の性質、設問の内容によって、律儀に全部読まなくても答えられる問題もある。その見極めを最初に行う必要があるだろう。

このような場合、トバシ読み、ナナメ読みをしていき、設問と課題文を見返しながら、解答してもいいだろう。

そうではなく、「前の設問で思わぬ時間を食ってしまい……」などの場合はどうするか？

この場合はやむを得ない。最初の三段落あたりと、最後の三段落あたりを読み、なんとか答えてみる。オーソドックスな評論文ならば、ここに課題文の主旨がまとめられているはず。つまり、四部構成の問題提起と結論にあたるもの。それを頼りに書き上げ、あとは運に任せる。望みは薄いが、まったく書かないで提出するよりずっといい。

さらに得点をのばすための

学部系統別 **ワンポイントアドバイス**

## 農業・理工・生活系

医療系以外の理系の学部では、自然環境と人間の豊かな生活と科学技術の関係に関わる問題が出題されることが多い。それについて、しっかりと考えをまとめておく必要がある。ただし、工学部の場合、技術によって自然を開発する立場なので、「開発は好ましくない」という立場で書くべきではない。あくまでも、「自然と技術の共存を図るべきだ」という立場で書く必要がある。また、食物・生活系の学部では、安全で健康な食事をとるには、伝統文化を大事にし、自然と人間の共存が不可欠であることをしっかりと意識しておく必要がある。

## 著者紹介

**樋口裕一**　1951年大分県生まれ。早稲田大学第一文学部卒業後、立教大学大学院博士課程満期退学。数々のベストセラー参考書で有名な小論文指導の第一人者。「小論文の神様」と呼ばれ、全国受験生から圧倒的な支持を得ている。多摩大学教授。東進ハイスクール客員講師。「白藍塾」塾長。

**白藍塾**　樋口裕一が、自著書を読んだ全国の大学受験生の相談・要望に応えるために、1991年に設立した通信添削による小論文・作文指導の専門塾。毎年多くの受験生が学び、見事志望大学合格を果たす。なお、本書は、塾長樋口裕一を含めた白藍塾指導者で特別チームを編成し、執筆にあたった。
〈白藍塾・資料請求先〉
〒161-0033 東京都新宿区下落合1-5-18-208
TEL03-3369-1179
http://www.hakuranjuku.co.jp

まるごと図解《ずかい》　面白《おもしろ》いほど点《てん》がとれる！小論文《しょうろんぶん》

2008年11月1日　第1刷
2018年11月25日　第20刷

著　者　樋《ひ》口《ぐち》裕《ゆう》一《いち》
　　　　白《はく》藍《らん》塾《じゅく》

発行者　小澤源太郎

責任編集　株式会社プライム涌光
電話　編集部　03(3203)2850

発行所　株式会社青春出版社

東京都新宿区若松町12番1号 〒162-0056
振替番号　00190-7-98602
電話　営業部　03(3207)1916

印刷　図書印刷　製本　大口製本

万一、落丁、乱丁がありました節は、お取りかえします

ISBN978-4-413-00974-4 C0081